내가 책을 가까이하는 이유

독서 모임 사람들이 들려주는 독서의 가치

내가 책을 가까이하는 이유

독서 모임 사람들이 들려주는 독서의 가치

이경희, 황중숙, 박여송, 하창호, 정선영, 나애정 지음

생각의빛

제1장

평범한 듯 특별한 인생은
책으로부터 온다

이경희

책이 나를 만든다

책을 거의 읽지 않는 사람들에게 '책이 나를 만들어준다는 것에 대해 어떻게 생각하세요?'라고 묻는다면 아마도 이런 생각을 먼저 떠올리며 대답할 것이다. '말만 그럴싸하지 대체 나를 어떻게 만들어 줄 수 있다는 거야?'라고 말이다. 나 역시 책을 읽기 전에는 이런 생각을 했던 사람 중의 하나였다. '책은 단순히 지식이나 정보를 전달하는 수단일 뿐 사람을 달라지게 만드는 대단하고 엄청난 것을 어떻게 하겠느냐'고 말이다.

물론 지식이나 정보만을 전달하는 책도 무수히 많다. 하지만, 작가의 인생과 철학이 담긴 책을 읽은 사람들은 단순히 지식을 알아가는 수준을 넘어 책 안에 있는 작가의 이야기에 자신을 비춰보며 스스로를 변화시키고 성공한 삶을 만들어가고자 하는 동기부여가 되기도 한다. 특히, 어렵고 힘든 상황이나 환경에 처해 있을 때 자기계발서와 같은 분야의 책을 읽는다면 책 속의 이야기가 꼭 자신에게 하는 말처럼 들리면서 더 빠르게 자신이 살아온 삶을 반성하고 새로운 변화를 갈망하는 마음이 강해진다.

예전의 나는 책과 담을 쌓고 살았다. 책은 교과서 이외에는 거의 읽은 기억이 없다. 시간이 나면 텔레비전을 보거나 게임을 하고, 사람들을 만나 온갖 잡담을 하며 살아왔었다. 나에게 책은 단순히 필요한 지식을 얻기 위한 정도로 읽거나 라면 냄비, 모니터 받침대로 쓰이는 것이 전부였다.

그러던 어느 날 갑작스레 몸이 안 좋아져 병원에 입원하게 되었다. 병상에 누워 많은 생각이 들었다. 그날따라 이상하게도 외로움이 많이 느껴졌고 이런저런 생각을 하던 중 '이러다 죽으면 어떡하지?' 하는 생각이 들면서 두려움과 동시에 지금까지 살아온 인생의 허탈감이 올라왔다.

뭔가 지금까지의 내 삶에 변화가 없으면 안 되겠다는 생각이 강하게 들면서 퇴원을 한 뒤 '삶의 변화를 위해서는 뭘 해야 할까?' 하는 고민이 깊어졌다. 그때, 독서에 관한 이야기가 담겨 있던 책 한 권을 읽게 되었다. 아마도 당시 인생의 변화를 위해서는 '독서가 최고다'라는 생각이 나도 모르게 잠재의식 속에서 싹튼 것은 아닌가 하는 생각이 든다. 독서를 통해 성공한 새로운 인생을 만드는 스토리였는데 책의 내용은 어쩌면 단순한 것일 수도 있다. 그러나 삶의 변화를 간절히 원했던 나는 동질감이 느껴졌다. 그래서인지 책을 더욱 치열하게 읽었다. 독서를 통해 생각을 바꾸고 하나씩 실천해 나가면 좀 더 생산적인 나를 만들 수 있겠다는 희망이 생겼다.

이 한 권의 책을 읽고 책에서 이야기하는 생존 독서를 본격적으로 시작했다. 독서 초반에는 내가 읽은 책의 양이 늘어가는 것을 보며 뿌듯함을 느꼈다. 나도 이렇게 책을 열심히 읽을 수 있구나 하며 나 자신이 대견하다고 생각했다.

그런데 읽으면 읽을수록 뭔가 알 수 없는 허전함이 느껴지고, 며칠만 지나도 분명 읽었던 책인데 내용이 하나도 기억이 나지 않는 것이다. 주변 지인들에게 내가 읽었던 책을 추천하면서도 왜 그 책을 추천했는지 책의 내용이 어땠는지를 명확하게 설명하기 어려웠다. 처음 읽었던 책과는 다르게 내 삶에 적용되는 것이 별로 없다는 기분이었다. 내가 책을 잘못 읽고 있는 건 아닌가 하는 생각이 점점 강해지고 있을 무렵이었다.

멘토와 같은 또 한 권의 책을 만났다. 이 책을 통해 막연하게 했던 의미 없는 독서에서 목적과 방향을 찾는 성공 독서가 필요한 것을 깨달았다. 독서는 내가 부족하다고 여기는 점을 채워준다. 책은 방향도 목적도 없는 삶을 살아가는 이들에게 방향을 가르쳐주고 나아가는 힘을 준다.

나는 다른 사람의 시선을 많이 의식하는 편이다. 어릴 때부터 누군가와 함께할 때도 내가 하고 싶은 것이 있지만 상대가 원하지 않으면 어떡하지 하는 생각이 앞서 아무런 의견도 내지 않고 상대가 하자는 대로 따라한 적이 많았다. 무언가 하고 싶은 것이 생겨도 주변 환경이나 다른 사람들을 의식하여 그 상황에 맞게 행동하는 게 일상다반사였다. 그렇게 살아온 삶이 내 의지는 어딘가로 사라지고 다른 사람의 의견을 따라가는 종속적인 나를 만들었다. 때로는 눈치가 빠르다는 이야기를 종종 들었는데 그때는 그게 좋은 말이라고 생각했다. 그러나 눈치가 빠르다는 건 나보다는 상대방을 너무 의식한다는 의미라는 것을 알고 나서부터는 그 말이 좋게 들리지 않았다.

점점 나를 잃어간다는 기분이 들었을 때 정신을 번쩍 차리게 만들어 준 책이 있다. 미국 정치인 힐러리를 다룬 내용이었다. 힐러리가 주변의 영향으로 자신이 하고자 하는 일을 체념하고 주변과 타협하는 방법밖에는 없다는 생각으로 힘들어하며 자신의 멘토인 재클린을 찾아가 상담을 하는데 재클린이 힐러리에게 남의 생각보다는 자기 생각에 집중하라고 조언해준다. 그 말은 꼭 나에게 한 말처럼 들렸다. 그동안 어쩌면 종속적으로 살아오며 주변을 의식하여 정작 나에게 중요한 것을 계속 미루고 살았던 건 아니었을까? 하는 생각이 번쩍 들었다. 재클린이 한 말처럼 이제는 남을 너무 의식하며 살아가기보다는 나에게 중요한 것이 무엇인지를 찾아 그것을 우선순위에 두고 살아가야겠다고 스스로 다짐하게 되었다.

"맹모삼천지교"라는 말이 있다. 맹자의 어머니가 맹자를 훌륭한 사람으로 키우기 위해 공동묘지 근처, 시장 근처, 서당 근처로 3번이나 이사를 하는 구전으로 전해오는 이야기이다. 이 이야기는 주로 교육열을 이야기할 때 맹자 어머니가 자식에 대해 높은 교육열을 보여주는 사례로 사용되곤 하지만 그 내면을 들여다보면 사람은 주변 환경에 의해 달라질 수 있다는 것이 숨어있다. 어쩌면 이 이야기를 최초로 한 사람은 '사람은 환경에 의해 만들어진다'라는 의미를 전달하고 싶었던 것일 수도 있다.

지금 우리가 사는 세상에는 TV, 라디오, 블로그, 페이스북, 인스타그램, 유튜브, 책등 다양한 방식으로 많은 정보와 이야기를 전달한다. TV, 유튜브와 같이 영상으로 전달하는 이야기는 직관적이지만 영상 속의 모습으로만 기억된다. 라디오와 같은 음성으로 전달하는 이야기는 이미지를 상상할 수 있지만, 기억에 오래 남지는 않는다. 블로그, 페이스북, 인스타그램 같은 인터넷 글로 전달하는 이야기는 글자 수의 제한 등으로 전달력이 약하다. 그러나 책은 많은 내용을 전달하고 독자의 상상력을 끌어낼 수 있고 무엇보다 책을 통한 성찰은 기억 속에 오래 남는다. 나의 미래를 생각하면 지금의 나는 어떤 환경에 있어야 할 것인가를 고민해봐야 한다.

서점에 가면 정말 많은 책이 있다. 같은 책을 읽어도 다른 감정이나 생각을 가지게 하는 게 책의 매력이라고 생각한다. 어떤 책을 읽고 무엇을 느꼈으며, 어떤 결심을 하고 어떤 행동을 할 것인가에 따라 나의 미래 모습도 달라질 것이다. 지금의 나의 삶이 성공적이라고 감히 말하긴 어렵지만, 후회 없이 살고 싶다면 한 번쯤은 책을 통해 새로운 자신을 만들어 볼 것을 권하고 싶다.

인생을 바꾸는 가장 쉬운 방법은 독서이다

많은 사람이 자신이 살아온 인생에 만족하냐고 물어보면 분명 '아니요' 라고 대답을 할 것이다. 스스로에 대한 불만족도 있겠지만 항상 변화하려는 마음이 있어서 그렇다. 그렇다면 "미래를 위해 자신의 인생을 변화시키고자 얼마나 노력하는가?"라고 묻는다면 현실의 삶이 너무 바빠서 그럴 생각을 하지 못하거나 그럴 시간이 없다고 하는 게 대부분일 것이다. 주변에 변화를 통해 성공한 사람들의 이야기를 들으면, 그 순간은 변화하고자 다짐을 하지만 이내 현실의 벽에 부딪혀 다시 예전의 모습으로 돌아가곤 한다. "왜일까?" 삶의 변화는 생각보다 쉬운 일이 아니기도 하지만, 변화를 꿈꾸는 사람들은 뭔가 대단히 거창한 것을 바꿔야 삶이 변화한다고 생각하기에 계속 핑계만 찾기 때문이다. 나 또한 누군가가 나에게 지금까지 살아온 인생에 대해 만족스럽냐고 물어본다면 '아니요'라고 대답을 할 것이다. 나 스스로 자신이 살아온 인생을 되돌아보면 열심히는 살았지만, 만족스러울 정도로 무언가를 이룬 것이 없다는 생각이 든다. 자신을 변화시키고자 하는 마음은 굴뚝같지만 수많은 핑계와 자신과의 타협으로 다시 예전의 모습으로 되돌아가곤 했다. 자신의 인생을 바꾼다는 건 생각만큼 쉽지 않고, 수많은 노력과 꾸준하게 할 수 있는 성실함이 필요하다. 그러나 불가능한 것도 아니다. 우리에겐 꾸준히 노력하며 자신을 성장시킬 수 있는 동기부여를 주는 수많은 방법 중 가장 쉬우면서도 흔히 접할 수 있는 유일한 수단인 독서가 존재하기 때문이다.

우리 아들은 스마트 폰을 무척이나 좋아한다. 먹고사는 일에 바쁘다 보니 아들에게 어릴 적부터 스마트 폰을 손에 쥐여주었다. 초반엔 어린아이가 스마트 폰의 여러 가지 기능을 스스로 사용하는 것을 보고 무척 신기해했는데 시간이 지날수록 스마트 폰을 손에서 놓으려고 하지 않았다. 아이가 자라면 자랄수록 게임, 유튜브 등에 몰입하여 밥도 거르고, 가족들과 있어도 대화라는 걸 거의 하지 않았다.

그러던 어느 날 아이를 데리고 서점에 갔다. 스마트 폰을 하는 시간을 줄이는 대신 원하는 책은 모두 사주기로 했다. 초반엔 아이가 스마트 폰을 줄인다는 말에 거부반응을 보이더니 눈앞에 자신이 좋아하는 캐릭터가 나오는 만화책이 보이니 이내 쉽게 약속하고 여러 권의 책을 골랐다. 집에 돌아와 아들은 스마트 폰이 아닌 책을 읽기 시작했다. 초반엔 집중을 못 하고 얼마 못 가 다시 핸드폰을 잡았지만, 꾸준히 읽게 독려하니 점점 읽는 시간이 늘어나고 완독한 책의 수도 늘어났다.

독서의 양이 늘어나니 아들의 생활 모습이 달라졌다. 게임을 하던 때의 아들은 공격적이고 신경질적이었다. 또한, 상대에게 배려가 거의 없고 굉장히 이기적인 아이였다. 독서를 하면서는 참을성도 생기고 상대에게 배려도 할 줄 아는 모습으로 변해갔다. 무엇보다 평소 말이 많지 않았던 아들이 자신감이 많이 생겨 먼저 나서서 이야기할 정도로 달라졌다. 독서가 우리 아들의 삶에 많은 변화를 만들었듯이 부족했던 자신의 삶 또한 독서를 통해 충분히 변화를 만들 수 있다.

최근에 몸 상태가 많이 나빠지면서 예상하지 못한 번 아웃이 찾아왔다. 처음엔 번 아웃인 줄도 모르고 단지 몸이 아파서 그런가 보다 생각했는데 회사 일에서 잠시 휴식기를 가졌음에도 일이 손에 잡히지 않았다. 무언가를 하려고 해도 무기력해지고 예전에 했던 것도 기억이 나질 않았다. 자꾸 일을 미루게 되고 주변에 동료들과 만나서 일에 대해 푸념을 하며 풀어보려고 했지만, 꽉 막힌 기분만 계속됐다. 주변의 지인을 찾아가 상담도 받았지만 무언가 풀리지 않는 찜찜한 상태가 계속되다 보니 당연히 회사에서 나의 성과는 바닥을 치기 시작했고 계속되는 어려움만 늘어갔다. 더 이상 이러면 안 되겠다는 생각이 들어 집에 그동안 읽었던 책들이 있는 책장 앞에 서서 가장 먼저 눈에 들어오는 책을 읽었다.

하루에 관한 내용을 다룬 책이었는데 오래전에 읽었던 책인데 내용이 머리에 그려졌고 당시에 내가 이 책을 읽으면서 어떤 기분과 다짐을 했었는지 기억이 나기 시작했다. 당시의 기억을 회상하면서 지금의 나와 비교하니 한없이 초라해졌고, 가족들을 돌아보니 많이 미안해지기 시작했다. 지금 내가 여기서 이러면 안 되겠다고 하는 생각이 번쩍 들면서 하루 계획을 세우기 시작했고, 어떤 일이 있어도 이 계획은 지키자고 다짐하며 하루하루를 보냈다. 무너지는 나의 인생을 바꾸는 순간이었다. 지금 그 순간을 되돌아보면 무너지는 나의 일상생활을 바꾸고자 많은 시도를 했음에도 바뀌지 않던 생활이 어이없게도 독서를 통해 쉽게 변화되었다고 생각하니 웃음만 나온다. 이처럼 독서는 인생을 변화시킬 수 있는 가장 쉬운 방법이 아닐까? 하는 생각이 든다.

독서에 관한 책은 나의 인생에 터닝 포인트를 만들어주었다. 인생의 나락으로 떨어지던 이가 멘토를 만나고, 멘토의 권유로 책 읽기 미션을 통해 성공하는 인생의 변화는 나에게 큰 영향을 미쳤다. 무엇을 어떻게 읽어야 할지 모르는 나에겐 굉장히 흥미로웠다. 나는 그렇게 독서의 세계에 빠지게 되었다. 점점 읽어가는 책의 양이 많아지기 시작했다. 처음엔 서점에서 책을 샀는데 책값을 감당하기 힘들어 집 근처의 도서관을 활용해서 추천 서적을 읽어 나갔다. 몇 권의 책을 읽고 나니 그동안 참 게으르고 허투루 보낸 시간이 참 많았다는 것을 깨달았다.

아침 출근 시간에 간당간당하게 일어나던 아침 시간 활용에 관한 책을 읽고는 매일 5시 전에 일어나서 하루를 시작해보자고 다짐을 했다.평소 일어나던 시간보다 2시간 일찍 일어난다는 것이 저녁형 인간이었던 나에겐 참 어려운 일이었다. 알람 소리에 눈을 뜨고 누운 채로 자신과의 타협을 수없이 많이 했다. 달콤한 잠을 포기하기란 정말 어려운 도전이었다. 가끔은 유혹에 넘어가 늦게 일어나기도 하지만 다음날 다시 도전하면서 포기하지 않고 계속해서 노력하니 조금씩 새벽 5시 전 기상이 자연스러워졌다. 새벽이란 시간은 남들에게나 있는 시간이라고 생각했었는데 나에게도 이런 시간이 생길 수 있다는 생각이 들었다. 새벽 2시간이 나의 많은 것을 달라지게 했다.

시간을 다루는 책을 읽고는 허투루 버린 시간에 대한 부끄러움과 틈새 시간의 활용에 대한 깨달음을 얻기도 했다. 책에서 말하는 시간 관리 방법을 일상생활에 적용해 보았지만, 나의 생활 리듬과는 맞지 않아 오랜 시간 지속되지는 않았다. 그러나 시간 관리 방법 중 시간을 쪼개 사용하는 법을 적용해 본 덕분에 틈새 시간을 활용하는 것을 알게 되었다. 무엇보다 가장 크게 효과를 본 것은 '-하는 김에'라는 생각을 하면서 생활하는 것이었다. 동시에 2가지 이상의 일을 처리할 수 있는 효과를 얻을 수 있었다.

책은 저자의 인생사, 성공한 삶, 전달하고 싶은 메시지가 담겨 있다. 책을 읽음으로써 자신에게 동기부여를 하고 변화의 의지를 오랜 시간 지속시킬 수 있다. 인생을 바꾸는 방법은 분명 여러 가지가 있을 것이다. 그러나 독서만큼 시간과 환경에 제약을 받지 않는 방법이 있을까? 진정으로 자신의 삶을 변화시키고자 하는 독자가 있다면 어려운 길을 택하지 말고 지금부터 독서를 통해 자신의 삶을 바꿔보길 바란다.

5분 읽어도 독서다

'당신에게 5분이라는 시간이 주어진다면 무엇을 할 것인가?'

대부분 사람은 아마도 아무것도 못 하고 그냥 흘려보낼 것이다. 일반적으로 생각하면 5분은 아주 짧은 시간이다. 막상 무언가를 하려고 해도 떠오르는 게 없을 것이다. 컵라면 끓여 먹기, 명상하기, 음악 듣기, 사진 촬영 후 보정하기, 영어문장 외우기, 스트레칭 하기, 과일 먹기, 하루 계획하기, 운동하기, 일기 쓰기 등 5분 동안 할 수 있는 것들을 생각나는 대로 적어봤다. 막상 나열해보니 참 많은 것들을 할 수 있다. 반대로 숨 참기, 물구나무서기, 플랭크, 깜박이지 않고 눈뜨기, 최고속도로 달리기 등 5분 동안 하기 어려운 것들도 생각나는 대로 적어보니 5분은 생각보다 길게 느껴지는 시간이다. 이처럼 5분이라는 시간은 짧게 생각하면 순간적으로 흘러가고, 길게 생각하면 무언가를 할 수 있는 발판이 되는 시간이다.

만약 5분으로 자신의 인생을 바꿀 수 있다고 한다면 믿겠는가? 독서가 바로 자신의 인생을 바꿔줄 수 있는 하나의 방법이다. 사람들은 독서를 한다고 하면 오랜 시간 앉아서 읽어야만 한다고 생각한다. 그러나 단한 장을 읽더라도 그 안에서 자신이 무언가를 느끼고 동기를 얻어 실천한다면 그것이 독서라고 할 수 있다. 책을 읽으면서 무언가 깨닫고 행동으로 실천하기까지 가는 것이 인생을 바꾸는 시작이며 그 시작은 단 5분이면 충분한 시간이기에 5분으로 자신의 인생을 바꿀 수 있다. 나의 인생의 변화 또한 그 5분으로부터 시작되었기에 더욱더 강조해서 말하고 싶다. 독서를 어렵게 생각하지 말고 5분만 투자한다 생각하고 지금부터 독서를 시작해보자.

대한민국 성인 국민의 하루 독서량은 얼마나 될까? 라는 생각이 들어 통계 자료를 찾아봤다. 문화체육관광부가 공개한 '2021년 국민독서 실태조사' 보고서에 따르면, 한국 성인의 연간 평균 독서량은 4.5권이다. 그리고 성인의 평균 독서 시간은 평일 기준 20.4분, 휴일 27.3분이라고 한다. 책을 읽기 어려운 주요 이유가 '일 때문에 시간이 없어서'(26.5%), '다른 매체·콘텐츠 이용(스마트 폰/텔레비전/영화/게임)'(26.2%)라고 한다.

"5분만 시간을 주십시오. 책을 다 읽지 못했습니다." 안중근 의사가 사형집행 전 마지막으로 한 말이다. 인생의 남은 5분을 독서를 했던 안중근 의사에게 부끄럽게도 우리 국민은 독서를 위해 하루에 5분도 투자하지 않는다는 것을 증명하고 있는 수치이다. 지금의 우리 환경을 돌아보면 스마트 폰이 보급되면서 급격하게 책을 읽는 시간이 줄어들었다. 스마트 폰이 보급되기 전엔 자투리 시간이 생기면 그 시간에 책이나 신문 등을 읽던 사람들이 많았다. 그러나 요즘엔 자투리 시간이 생기면 제일 먼저 스마트 폰을 꺼내 든다. 스마트 폰이 그 자투리 시간을 차지했다. 이제는 의도적으로 책을 읽으려고 하지 않으면 책을 읽지 못한다는 것이다.

지하철을 타면 예전과는 아주 많은 다른 풍경이 있다. 예전에는 책이나 종이 신문을 읽거나 잠을 자는 사람들이 많았다면 지금은 거의 모든 사람이 스마트 폰을 보고 있다. 종이 신문을 읽는 사람은 찾아보기 정말 힘들고, 책을 읽는 사람을 간혹 보면 반가울 정도다. 스마트 폰을 하는 사람들을 관찰해보았더니 대부분이 유튜브 영상을 보거나 게임, SNS를 하고 있었다. 출퇴근 시간의 무료함을 달래기 위한 수단으로 활용을 하는 것이라고 이해되지만 소중한 시간을 허무하게 흘려보낸다는 생각 또한 지워지지 않았다. 길다면 길고 짧다면 짧은 출퇴근 시간 동안 자신의 성장을 위해 투자하는 시간으로 활용한다면 얼마나 많은 사람이 자신의 성공한 삶을 즐기며 살고 있을까 하는 생각이 든다.

이런 생각을 하는 나도 예전엔 다른 사람들과 마찬가지로 스마트 폰의 동영상이나 게임을 하며 보냈던 사람 중의 하나였다. 그러나 그동안 무심코 흘려보냈던 시간을 독서나 학습을 하며 나를 만들어가는 시간으로 변화시키고 있는 지금의 나는 그 시간의 소중함을 잘 알고 있기에 더욱 아쉬움이 남는다. 생계를 위해 출퇴근을 하는 시간만이라도 스마트 폰을 아무 생각 없이 보며 그냥 흘려보내기보다는 단 5분을 읽더라도 독서하고 생각하는 시간으로 만든다면 자신의 미래는 이전과는 확연히 달라진 것을 느낄 것이다.

한때 나는 독서라 하면 책상에 앉아서 한두 시간 이상 책을 읽어야 한다고 생각했다. 아마도 많은 사람이 나와 비슷한 생각을 할 것이다. 그러나 단순히 책을 읽는 것이 아닌 책에서 무언가를 얻을 수 있다면 독서를 했다고 할 수 있다. 5분 동안 책을 읽으면 대략 5장(10페이지) 내외가 될 것이다. 천천히 읽더라도 최소 한 장(2페이지)은 읽는다. 5분간 읽은 페이지에서 자신이 책에서 얻고자 하는 지식을 얻거나 깨달음을 느껴 생활에 적용하고 실천한다면 이것도 독서다. 독서의 효과는 단순한 지식의 습득이 아닌 깨달음을 통한 자신의 변화가 더 많다. 독서를 통해 아무것도 얻지 못했다는 생각이 들어도 그것 또한 의미가 있다. 매일 5분을 읽는다는 생각으로 하루도 빠짐없이 책을 읽는다면 자신도 모르게 독서 습관이 자리 잡을 것이다. 독서 습관이 자리 잡히면 자연스럽게 책과 친해지고 책을 통해 자신의 삶을 바라보게 된다.

게임을 좋아하는 나의 아들은 아무런 통제를 하지 않으면 밥도 안 먹고 종일 게임에만 빠져 살았다. 성격 또한 점점 폭력적이고 신경질적으로 변해갔다. 그런 아들을 그대로 두고 볼 수 없어 '무엇으로 변화시킬 수 있을까?'를 고민하던 중 책 읽기가 번쩍 떠올라 아들과 함께 서점에 갔다. 자신이 원하는 책을 모두 사주니 처음엔 신나게 읽는 듯하더니 얼마 못가 흥미를 잃고 다시 게임을 하려고 했다. 나는 아들이 책과 친해지게 하려고 5분 독서를 제안했다. 5분 동안 책을 읽고 배운 것을 이야기해 주면 30분 동안 게임을 허락해주겠다고 했다. 초반엔 게임을 할 목적으로 책을 읽더니 점점 책에 흥미를 갖기 시작하면서 책 읽는 시간이 늘어났고 생활에도 많은 변화가 일어났다.

이처럼 독서를 너무 어렵게 생각하지 말고 딱 5분만 읽자고 생각하며 책을 펼치는 순간 당신은 이미 독서를 하는 것이다. 독서는 인생을 긍정적이고 생산적으로 바꿀 수 있게 해주는 가장 저렴하면서도 가장 가치 있는 도구이다. 독서를 통해 수많은 것을 습득하고 깨달음을 통해 삶의 변화를 만들 기회의 문을 연 것이니 매일 딱 5분만 읽자고 생각하며 책을 펼쳐 독서를 시작하자.

무엇을 하던 어렵다고 생각하면 그 일은 한없이 어려워진다. 독서도 마찬가지라 생각한다. 오랜 시간 책을 읽는 것만이 독서가 아니다. 편안한 마음으로 책을 펼치고 짧은 시간이라도 책을 읽으며 내용을 이해하고 깨달음을 얻었다면 독서를 했다고 감히 말할 수 있다. 독서는 책을 통해 글을 배우는 것도 아니고 얼마나 많은 글을 읽었는가를 경쟁하는 것도 아니다. 자신이 경험하지 못한 새로운 것을 배우거나 삶에 변화를 일으키는 원동력이 되는 것이 독서다. 그러나, 변화를 위한 독서는 자신의 의지가 없으면 아무것도 이뤄지지 않는다. 의지를 만들기까지 걸리는 시간은 단 5분이면 충분하다. 그렇기에 5분의 독서가 인생을 바꿀 수 있는 첫걸음이니 매일 5분 동안 단 한 장이라도 책 읽기를 시작해 인생을 바꾸는 독서의 즐거움과 성공한 삶의 변화를 해보길 바란다.

하루 한 장 독서의 힘

한동안 운동을 못 해 몸이 무거워진 것 같아 오랜만에 헬스장을 갔다. 러닝머신을 포함하여 상당히 많은 운동기구가 눈에 보였다. 운동하기로 마음을 먹고 왔으니 여기 있는 모든 운동기구를 다 한 번씩 하고 가야겠다는 마음에 러닝머신을 시작으로 운동기구들을 하나씩 최소 한 세트 이상을 시도했다. 운동을 다 끝내고 나니 3시간 가까운 시간이 소요됐다. 시간이 생각보다 많이 들어갔고 온몸이 뻐근했지만, 오늘 하루의 운동 목표를 달성했다고 생각하며 뿌듯한 마음으로 집으로 돌아왔다. 문제는 다음 날부터 시작됐다. 운동 욕심에 평소 사용하지 않았던 근육들을 사용해서 몸을 움직이기 힘들 정도로 근육통이 찾아온 것이다. 결국, 몸을 움직이기 힘들다는 이유로 헬스장을 가기는커녕 온종일 누워만 있으면서 끙끙

앓았고, 며칠 동안 운동은 꿈도 꾸지 못했다.

독서를 함에도 한번 마음을 먹었다고 평소 읽는 습관도 없이 책 한 권을 뚝딱 읽겠다는 생각에 독서를 시작하면 몇 장 읽지 못하거나 다 읽었다 하더라도 책 읽는 것에 힘이 들어 그 뒤로 한참 동안은 책을 멀리하게 된다. 이처럼 의욕이 앞서 한 번에 하려 하기보다는 조금씩 지속해서 하는 것이 중요하다.

보통 책 한 권의 페이지 수는 200~250페이지 정도 된다. 조금 두꺼운 책은 300페이지가 넘는다. 평소 책을 읽지 않은 사람이 독서 하겠다고 책을 집어 들었는데, 읽어야 하는 분량이 많으면 읽는 것에 부담을 느껴 아예 생각을 접게 된다. 책이 두꺼우면 두꺼울수록 그런 마음이 더 강하게 들어 더욱 책을 멀리하게 된다. 또한, 독서를 할 때 처음부터 끝까지 모두 읽어야 한다는 강박관념이 독서를 더더욱 힘들게 만든다. 소설 같이 스토리를 알아야 하는 책이 아닌 이상 반드시 책의 모든 내용을 읽어야 하는 것도 아니고 처음부터 순서대로 읽지 않아도 된다. 마음이 가는 목차를 선택하여 조금씩 꾸준하게 읽으면서 저자의 메시지를 들여다보며 자기 생각과 삶에 적용하는 것이다.

우리 아들은 공부하는 것을 귀찮아한다. 아이들에게 공부하라고 강요하는 것은 아니지만 적어도 교과 과정 수준은 맞춰야 한다고 생각한다. 그러다 보니 자꾸 아이에게 공부하라는 잔소리를 하게 되는데 아이는 그 소리가 듣기 싫어 요령만 부렸다. 며칠 동안 아이가 공부하는 모습을 관찰했다. 수학, 국어, 영어 등의 과목을 공부하는데 처음에는 집중하는 듯

했지만 얼마 못 가 다른 곳에 관심을 두기 시작했다. 다른 곳에 관심이 생기기 시작하면서 공부는 뒷전이 되어버렸다. 아이가 그날 공부할 분량이 각 과목당 10~20페이지 정도였다. 하루에 최소 2과목 이상 공부해야 해서 평균 30페이지 정도를 봐야 한다. 아이는 이미 해야 할 분량에 부담돼서 공부하기를 꺼렸다. 우연히 인터넷을 보다 과목별로 하루 한 장 시리즈의 문제집을 발견하고 계속 딴짓하는 아이에게 하루 한 장만 풀면 공부는 더 이상 안 해도 된다는 제안을 했다. 아이는 많은 분량의 공부를 안 해도 된다는 생각이 들었는지 즉시 제안을 수락했고 그날부터 하루 한 장 문제집을 풀기 시작했다.

처음 며칠은 하루 한 장만 딱 공부하던 것이 시간이 점점 지나자 뒤의 내용을 궁금해하며 공부하는 양을 늘리기 시작했다. 공부하는 양이 늘어나며 자기 자신도 알아가는 지식이 늘어나는 것에 재미가 붙었는지 공부하라는 말을 하지 않아도 스스로 문제집 이외의 책도 공부하기 시작하는 것이다. 공부에 취미가 전혀 없다고 생각했는데 공부에 재미를 느끼며 상위 학년에서 배우는 과정에도 관심을 가지며 공부하겠다고 책을 사달라고 하는 것이다. 책을 사주었더니 방으로 책을 가지고 들어가 한참 동안을 나오지 않기에 뭐 하고 있나 살짝 들여다봤더니 책상에 앉아서 공부하고 있었다. 책상에 오랜 시간 앉지 못하던 아이가 공부하기 위해 앉아 있는 모습을 보고 대견스럽기도 하고 신기하기도 했다. 한참 뒤에 방에서 나온 아이에게 공부하는 게 재미있냐고 물어보니 너무 재미있다고 한다. 공부가 이렇게 재미있는 건 줄 그전에는 몰랐다며 계속하고 싶어 했다.

독서도 마찬가지라고 생각한다. 내가 아이에게 제안했던 것처럼 하루에 한 장만 읽는다는 마음으로 책을 집어 든다면 부담감에서 벗어나 그날 독서 목표를 해냈다는 성취감을 느낄 것이다. 이와 함께 책에 대한 흥미가 늘어나며 책과 친해지고 독서량과 질이 달라져 생활의 긍정적인 변화가 생길 것이라고 감히 단언할 수 있다.

회사에서 어려움이 많았던 프로젝트의 업무처리 방식을 변경하면서 극복했던 경험이 있다. 보통 프로젝트를 진행할 때 제일 먼저 요구사항을 정의한다. 요구사항을 하나씩 파악하면서 이를 토대로 프로젝트의 업무 범위를 정한다. 당시 프로젝트의 정해진 업무 범위를 바라보는데 시작할 엄두가 나지 않았다. 언제 이 많은 걸 할까? 이걸 다 끝낼 수는 있을까? 하는 생각이 계속 앞서면서 못한다고 하고 하지 말까? 라는 속삭임이 계속 머릿속에 맴돌았다. 마음을 추스르고 프로젝트를 시작하는데 또 다른 난관에 부딪혔다. 프로젝트팀원들이 업무 범위를 보고 언제 이걸 다 하느냐고 하며 반발이 일어났다. 이럴 땐 프로젝트를 관리하고 리딩하는 입장에서 참 어려울 수밖에 없다. 매일 최소한 한 명씩 만나서 충분히 할 수 있다고 이야기하며 프로젝트를 이어 나갔지만 이미 전체 업무량을 인지하고 있는 팀원들의 사기를 올리는 게 쉽지 않았다. 매일 반복되는 설득 업무에 점점 지쳐가고 있었다.

프로젝트가 중반쯤 접어들었을 때 이렇게 진행해서는 프로젝트를 시간 안에 끝낼 수 없겠다는 생각이 들었다. 어떻게 하면 팀원들의 사기를 높이고 프로젝트를 기간 안에 끝낼 수 있을까를 며칠 동안 고민했다. 많은 고민 끝에 일을 작은 단위로 쪼개서 진행해 보자고 결론을 내리고 전체 범위를 하루 기준으로 하나씩 하나씩 분리하기 시작했다. 그리고, 분리한 업무를 팀원들에게 분배하며 하루에 한 가지 업무만 끝내면 퇴근 시간 전이라도 퇴근해도 좋다고 했다. 팀원들은 반신반의하며 업무를 시작했고, 나는 하루 업무량을 끝내면 강제로 퇴근을 시켰다. 며칠을 그렇게 진행하니 팀원들도 즐거운 마음으로 프로젝트를 하기 시작했고, 당일 업무량을 초과 달성하는 경우가 종종 발생했다. 일이 빠르게 진행되며 일정보다 프로젝트가 일찍 마무리되었다.

독서도 책의 전체 분량을 보면 읽고 싶은 마음이 싹 사라지는 경우가 많다. 그렇게 해서 아예 시작하지 않거나 시작하더라도 중간에 포기하는 경우가 많이 발생한다. 이때 하루의 분량을 나누고 그날의 분량만 읽겠다는 생각으로 독서를 시작하면 책 한 권은 쉽게 읽힌다. 그날그날의 성취감을 느끼고 하루 한 장의 분량이 쌓이다 보면 언젠가 책을 완독하게 된다. 하루 한 장 분량이어도 좋다. 프로젝트에서 팀원들의 업무량이 초과하는 날이 발생하듯이 하루 한 장으로 시작하지만 읽다 보면 한 장을 넘어 몇십 페이지를 읽고 있는 자신을 발견할 것이다.

'등고자비'라는 사자성어가 있다. 우리가 흔히 알고 있는 '천 리 길도 한 걸음부터'라는 뜻이다. 다시 말해 '대단한 일도 사소한 일로부터 시작한다.'라는 이야기다. 하루 한 장의 독서가 한 챕터를 읽게 만들고, 한 챕터를 읽으면 한 권을 읽게 만든다. 한 권의 독서가 결국은 꾸준한 독서의 습관으로 이어지게 만들어준다. 결국, 등고자비처럼 인생의 변화를 위한 독서의 시작은 하루 한 장 독서를 하고자 하는 마음가짐이고 행동이다.

독서가 일상이 되면 변하는 것들

보통 직장인들이 책을 읽고 싶어도 읽을 수 없는 처지에 있다고 한다. 먹고 살기 위한 일상이 바쁘다 보니 피곤하고 시간이 없다는 이유가 제일 많다. 그러나 진짜 이유는 책을 읽고 싶은데 무슨 책을 읽어야 할지를 모르는 사람들이 많았다. 베스트셀러나 다른 사람이 추천해 준 책을 구입하지만 구매할 당시만 설렐 뿐 집의 책장으로 직행하거나 산 게 아까워 읽어보려고 하지만 이해도 안 되고 공감도 안 되는 경우가 많아 결국 책장 속에 묻혀 있다가 버려지거나 중고로 파는 경우가 많다.

이런 이유로 독서를 어렵고 힘든 일이라 생각하는 사람들이 아주 많다. 독서가 삶에 좋은 영향을 많이 준다는 것을 인정하면서도 결국 독서에 어떻게 접근해야 할지 몰라 그저 평범하게 살아가는 직장인들이 많다는 것이다.

독서를 하기 전의 나는 하루하루가 늘 피곤하고 무료했다. 매일 매일 정신없이 업무를 하며 업무가 끝나면 사람들과 술 한잔하며 푸념만 늘어가는 삶이었다. 늦게까지 술자리를 하게 되는 날은 다음날의 반이 사라지는 경험을 종종 하곤 했다. 자기 계발을 한다고 인터넷 강좌도 듣고, 스터디 모임에도 가봤지만 그때뿐이었다. 보통 직장인들이 변명하는 책을 읽지 못하는 이유를 나 또한 모두 가지며 살아왔었다. 그렇게 점점 무료하고 피곤한 삶에 찌들어가던 중 몸에 이상 신호가 나타나 병원에 입원했을 때 읽은 한 권의 책으로 독서를 하는 새로운 삶이 시작되었고 책 속의 미션을 완수하며 책과 매우 친숙해지면서 나의 일상의 변화가 시작되었다.

제일 먼저 변화된 것은 출퇴근 시간의 변화였다. 처음 시도했던 독서 미션을 성공하기 위해 나름대로 생각했던 방법이 항상 책을 들고 다니기였다. 특히 출퇴근길에 소요되는 시간이 가장 많아 그 시간을 꼭 활용해야겠다고 마음을 먹었다. 출퇴근 대중교통을 타면 항상 하던 인터넷 서핑, SNS, 무의미한 동영상 시청 등을 하던 시간에 독서를 하기 시작했다. 처음엔 익숙하지 않아 다시금 예전의 상태로 돌아가기도 했지만, 점점 시간이 흐를수록 책을 읽는 시간이 늘어나면서 읽은 양이 늘어나니 뿌듯함을 느꼈다. 특히, 대중교통을 갈아타는 그 짧은 시간에도 손에 책이 있으니 자연스레 독서를 하게 되었다. 그 짧은 시간의 독서가 별거 아니라고 생각할 수 있지만, 나에게는 초집중의 시간을 만들기도 했다. 이렇게 독서가 그동안 무의미하게 보내던 출퇴근 시간을 더 다양한 지식을 쌓고 나 자신을 성찰할 수 있는 유의미한 시간으로 바꾸어주었다.

둘째는 새벽에 일어나는 것이었다. 예전에 아침형 인간이 한창 유행할 때 그것을 따라 한다고 아무 계획도 없이 무리하게 새벽에 일어나 무의미하게만 시간을 보내고 오히려 수면시간이 부족해 몸 상태만 나빠졌었다. 그 뒤 난 아침형 인간이 아닌 저녁형 인간이구나 하며 다시 예전의 생활 습관으로 돌아갔다. 그러나 현재의 나는 독서, 필사, 글쓰기 등을 하기 위해 온전한 나만의 시간이 필요했고 그 시간 확보를 위해 새벽 기상을 선택했다. 초반에는 밤의 유혹에 아주 힘들었지만, 예전처럼 목적 없이 새벽에 일어날 때와는 달랐다. 목적이 있고 해야 할 일이 있다 보니 자연스레 새벽 4시 정도면 눈이 떠지고 누워서 잠과의 사투를 벌이던 예전과는 달리하려고 마음먹었던 일을 하려고 몸이 일어나진다. 새벽에 일어나기 위해서 저녁엔 일찍 잠이 들었다. 예전엔 2차, 3차까지 가는 밤의 술 문화로 인해 새벽 기상을 하려고 중간에 빠져나오기 위한 정중한 거절이 쉽지 않아 어려움이 많았다. 그런데 요즘은 코로나로 인해 자연스레 저녁에 일찍 들어가니 새벽 기상이 한결 편해졌다. 음식점, 주점 등 요식업에 종사하시는 분들께는 죄송하지만 5인 이상 모임 금지는 좀 불편하지만 10시까지 영업은 나에게 있어 너무 좋은 환경이 되었다. 혹자는 새벽에 일어나면 하루가 피곤하다고 하는데 그건 기본적인 수면시간을 지키지 않아오는 현상이라 생각한다. 내가 예전 아침형 인간을 따라 할 때는 수면이 부족하니 피곤한 수준이 아니라 일과를 하기 어려울 정도로 건강이 안 좋아졌었다. 하지만 지금은 일정 수면시간을 지키기 위해 일찍 잠자리에 드니 오히려 예전보다 훨씬 더 활기차고 상쾌한 하루를 보내고 있다.

셋째는 자존감 상승이다. 왜인지는 잘 모르겠지만 어릴 때부터 항상 주변 사람들을 의식하며 살아왔다. 무언가 의견을 내고 싶다가도 다른 사람이 나를 어떻게 생각할까를 먼저 떠올려 그냥 마음속에서만 맴돌았던 적이 많았다. 때론 남을 의식해서 그런지 눈치가 빠르다는 말을 듣긴 했지만, 맘속에는 항상 불편함이 자리 잡고 있었다. 많은 책을 읽으면서 무엇보다 나의 존재에 대해서 되돌아보는 시간을 자주 가지게 되었다. 그런 시간을 통해 남을 의식하면서 살면 나의 인생이 타인에 의해 흔들리게 된다는 것을 깨달으면서 남이 아닌 나의 인생을 살기 위해 노력하게 되었다. 나의 경쟁상대는 남이 아닌 어제의 나라는 것을 항상 머릿속에 담아두며 부지런히 노력하고 나를 사랑하는 마음으로 하루하루를 감사한 마음으로 살고 있다.

넷째는 매사에 긍정적인 마인드로 생각하게 되었다. 나는 성격이 꼼꼼한 편이다. 무언가를 시작할 때면 미리 계획하고 준비해서 그 준비가 끝나야 시작을 한다. 덕분에 일을 진행하면서 커다란 문제 없이 일을 마치는 경우가 많았다. 그러나 무언가 새로운 것을 시작하기 전에 '이 일이 잘 될까?', '이 일이 무슨 소용이 있을까?', '괜한 헛수고 하는 건 아닐까?', '이 일 하면 힘들 것 같은데' 등의 부정적인 생각들로 가득 차기도 한다. 이런 부정적인 생각들로 인해 시작을 못 하거나 미루는 경우가 종종 있었다. 일을 진행하는 도중에도 조금이라도 계획이 틀어지거나 힘들어지면 괜히 시작했다는 생각과 함께 중도 포기하는 경우도 있었다. 그러나 책을 쓴 저자들이 어떠한 고통을 받았고, 그 고통 속에서도 희망을 잃지 않고 할 수 있다는 긍정적인 마인드로 고통을 극복해 성공하는 이야기를 자주 접하면서 나의 부정적이던 생각들이 차츰 변해가기 시작했다. 무언가를 시작할 때면 '잘 될 거야', '이 일로 많은 것을 얻을 수 있어.', '힘들어도 배우는 게 많을 거야', '일단 시작하는 게 중요해' 등을 생각하며 일을 시작한다. 모든 일이라는 게 쉽게만 풀리는 경우가 없으니 일을 하는 중간에 힘든 상황이 벌어지면 '끝까지 해보자', '할 수 있어.', '책의 저자는 이렇게 극복했는데 나도 극복하자' 등을 떠올리며 힘든 상황을 포기하지 않고 진행하게 되었다.

마지막으로 글을 쓰는 습관이 생겼다. 글이라고는 초등학생 때 숙제로 일기를 쓴 것 외에는 거의 쓴 적이 없다. 초등학생 때도 글쓰기가 싫어서 매일 같은 이야기를 날짜만 바꿔가며 쓰곤 했다. 숙제하기 위해 쓴 일기이다 보니 한 번에 몰아서 작성하곤 했는데 그날 날씨를 몰라 매일 맑은 날로 표기하여 제출했다가 선생님께 엄청나게 혼난 기억도 있다. 성인이 되어서는 누가 숙제를 내주는 것도 아니기에 글을 쓸 일이 거의 없었다. 회사 업무상 보고서 작성 정도가 전부였다. 그런데 독서하면서부터는 글을 쓰는 경우가 많아졌다. 좋은 글귀를 보면 어딘가에 적어놓게 되고, 글을 읽다가도 글에 공감하면 공감하는 대로 반대의 생각이 들면 그 생각대로 내 생각을 쓰게 되었다. 또, 초등학생 때도 귀찮아서 잘 쓰지 않았던 일기를 나의 하루를 성찰하기 위해 단 한 줄이라도 작성하기도 한다. 글을 쓰는 습관이 생기면서 책을 쓰고자 하는 마음마저 생겨 지금 이렇게 글을 쓰고 있다.

독서가 일상이 되면서 많은 변화를 가져왔는데 모두 말할 수 없다는 것이 아쉽기만 하다. 누구나 자기 인생에 만족하지 못하고 변화를 꿈꾸지만 오래가지 못하는 이유가 끊임없이 자신에게 멘토링을 해주는 이가 없기 때문이라 생각한다. 몇몇 사람들을 만나 인생 상담을 하기도 하지만 결국 그 사람들의 한정된 인생 경험을 통한 조언이고, 그 사람들도 자신의 삶이 있기에 내가 필요한 순간에 옆에 있지 못할 수도 있다. 책에는 정말 다양한 분야, 다양한 시대, 다양한 인생을 살아왔던 전 세계인의 방대한 인생 경험을 통한 조언들이 담겨 있다. 무엇보다 내가 필요한 순간에 나에게 조언을 해줄 수 있는 상담사이기도 하다. 내가 책을 통해 인생을 변화시켰고 그것을 계속 지속할 수 있는 건 끊임없이 책 속에 존재하는 사람들의 많은 조언 덕분이다. 변화를 통해 성공한 인생을 꿈꾸고 있다면 지금부터 독서를 시작하길 강력하게 추천한다.

독서를 특별하게 생각하지 마라

독서란 무엇일까? 글을 읽고 생각하고 실천하고 글을 쓰는 것이다. 독서를 한다는 것은 생각보다 쉬운 일은 아니다. 그렇지만 반대로 생각만큼 힘들고 어려운 일도 아니다. 사람들이 독서를 힘들어하는 이유는 남들을 의식해서 뭔가 많은 것을 해야 한다고 생각하니 그렇다. 독서는 남을 의식해서 행동하는 것이 아닌 자신을 만들어가는 것이기에 어제의 자신보다 나은 오늘을 만들면 되는 것이다. 하루에 한 장 또는 5분을 읽더라도 읽은 글을 생각하고 느낀 것을 기록하며 자신의 삶 속에 적용할 것을 찾아 행동으로 실천하여 나를 발전시키면 된다. 독서라는 것은 결과를 만들어가는 과정이기에 특별하게 생각하기보다 일상에 스며들게 하여 독서를 통해 자기 삶의 변화를 느끼는 과정에서 오는 즐거움을 알아갔으면 한다.

나는 처음 독서를 참 어렵게만 생각했다. 인생의 어려움 속에서 만났던 한 권의 책이 나의 인생에 많은 것을 바꾸어주었지만, 당시 독서를 본격적으로 하고자 처음 마음먹었을 때 나는 꼭 책상에 앉아서 책을 읽어야 독서를 한다고 생각했다. 책 속에서 이야기하는 미션을 실천하려고 보니 책을 어떻게 읽어야 할지 참 막막했다. 미션을 성공하려면 최소 3일에 한 권을 읽어야 하는데 나에게는 온종일 책상에 앉아 있어도 불가능해 보였다. '미션을 성공했다는 다른 사람들은 어떻게 독서를 했을까?' 하며 인터넷 카페에서 정보를 검색해봤지만, 틈틈이 읽었다는 내용밖에는 보이지 않았다. 뭔가 특별한 방법이 있을 거라 기대했는데 틈틈이 읽었다는 내용만으로는 어떻게 해야 할지 감이 오지 않았다.

그래서 단지 틈틈이 읽는 방법으로 내 나름대로 찾고자 했던 방법이 "책을 읽지 않더라도 무조건 손에서는 놓지 말고 눈에 잘 띄는 곳에 책을 두자."는 것이었다. 출근할 때는 가방이 아닌 손에 책을 들고 출근하고, 업무시간에도 책상에 책을 올려놓았다. 퇴근해서도 출근할 때와 마찬가지로 했다. 손에 무언가를 들고 다니는 걸 불편해했던 나에게는 엄청난 도전이었다. 점점 책을 들고 다니는 것에 익숙해지면서 책을 읽는 양도 늘어나기 시작했다. 출, 퇴근 시간에 책을 손에 들고 있으니 버스나 지하철을 기다리면서 한 장, 두 장씩 읽게 되었고, 업무시간에는 책상에 책이 보이니 업무 중에 잠시 쉬는 상황이 발생하면 책을 집어 들어 한 줄이라도 읽게 되었다. 눈에서 멀어지면 마음에서도 멀어진다는 말이 연인에게

만 해당하는 게 아니었다고 하는 생각이 들었다. 책을 항상 가까이에 두고 있다 보니 나도 모르게 책을 펼치는 횟수가 많아졌고, 책을 읽는 양도 늘어 처음에 불가능해 보였던 책 읽기 미션을 성공할 수 있었다.

일반적으로 잠깐의 시간이 생겼을 때 우리는 스마트 폰을 들여다본다. 계획에 없는 잠깐의 시간이 생기면 무엇을 해야 할지 몰라 그저 손에 잡히는 스마트 폰을 하게 되는 것이다. 스마트 폰은 항상 몸에 지니고 있어서 그 찰나의 순간을 가장 먼저 차지하게 된다. 나의 경험상 스마트 폰 대신 책을 항상 손에 들고 있다면 그 찰나의 순간을 책이 차지하게 되고 자신도 모르게 책을 읽고 있는 자신을 발견하게 될 것이다. 독서는 특별한 시간에 특별한 상황에서 하는 것이 아닌 평소 생활과 함께 자연스럽게 하는 것이다. 책 중에는 특별한 상황이나 시간에 읽어야 하는 것도 있겠지만 그건 아주 드문 경우이고, 우리가 일상생활을 하면서 배가 고프면 밥을 먹으면서 나의 몸에 양분을 채우는 것처럼 독서도 일상이 되면 나의 마음과 머리의 양분 그리고 나의 미래를 채워줄 것이다.

미션을 하는 동안에도 그랬지만, 그 뒤로도 나는 책을 한 장 한 장 꼼꼼하게 읽었다. 책을 정독하며 읽다 보니 몇십 페이지를 읽고 나면 앞에서 읽었던 내용이 전혀 기억나지 않아 다시 처음부터 읽기도 했다. 책장에 꽂혀있는 책들의 제목을 보며 분명 읽은 책인데 어렴풋이 기억만 날 뿐 내용이 거의 생각이 안 나거나 이 책의 내용이었는지 저 책의 내용이었는지 헷갈리는 책들이 상당히 많았다. 짧은 시간에 많은 양을 하나하나 읽어가니 역효과가 난 것이다. 초반엔 독서 습관을 기른다는 목적이 있었기에 그런 걸 생각할 겨를이 없었는데 그 후로는 책을 계속 읽으면 읽을수록 의구심이 들었다. 이렇게 책을 읽는 것이 과연 맞는 것인가? 내가 무엇 때문에 책을 읽고 있는 거지? 이런 식으로 책을 읽는 것과 TV나 인터넷 동영상을 보는 것과 무슨 차이지? 하며 그저 아무 생각 없이 책을 읽고 있다는 기분이 지워지지 않았다. 주객이 전도되는 상황이었다. 삶의 변화를 위해 책을 읽는 것이 아닌 책을 읽어야 한다는 의무감에 책을 읽었던 것 같다.

독서는 나무를 보는 것이 아닌 숲을 봐야 한다. 책 하나하나에 얽매여서 읽다 보면 전체적인 흐름을 알 수가 없는 경우가 비일비재하게 발생한다. 서점이나 도서관에 가면 분야별로 또는 작가별로 책을 진열해 놓는다. 그 분야별 코너에 가보면 정말 많은 양의 책들이 있다. 다시 말해 맥락이 비슷비슷한 책들이 많다는 말이다. 그 책들 하나하나의 내용은 작가의 삶이 들어있기에 다른 내용이 들어있겠지만, 독서를 하는 근본적인 이유가 작가의 삶을 자세히 알기 위해서라기보다 나의 삶을 변화시키기 위해 내가 알고자 하는 분야의 경험이나 조언을 듣기 위해서이다. 그 조언들은 책 속의 모든 페이지에 존재하지 않는다. 책을 읽다 보면 내가 책 속에서 인상 깊게 본 것들, 책 속의 글을 읽고 깨달은 것들, 앞으로 나의 삶에 적용해야 할 것들이 있다. 책 한 권에 각각의 본깨적(본 것, 깨달은 것, 적용할 것) 하나만을 기억하고 실천해도 그 책을 읽었다고 할 수 있다.

책을 처음부터 끝까지 다 읽어야 독서를 하는 것은 아니다. 물론 교과서나 학습지 등과 같은 시험 대비를 위해 만들어진 책은 처음부터 끝까지 읽어야 한다. 하지만 그런 종류의 책을 읽는 것을 독서라고 하지 않는다. 여기서 말하는 책은 자기계발서와 같은 책이다. 자기계발서는 작가의 과거 경험이나 또 다른 책을 통해서 느낀 것을 본인의 생각과 철학, 하고 싶은 이야기들을 독자들에게 글로 전달하기 위해 만들어진 책이다. 그 안에 있는 모든 것이 자신의 상황과 생각이 일치하는 경우는 정말 드물다. 그렇기에 다 읽어야 한다는 부담을 느끼기보다 작가와 이야기하면서 나의 상황과 생각이 일치되는 것을 실행으로 옮긴다는 기분으로 즐기면서 독서하길 바란다.

사람들이 독서를 어려워하는 이유는 독서를 특별하게 생각하기 때문이다. 독서를 통해 사람이 특별하게 만들어지는 것이지 독서 자체가 특별한 건 아니다. 단순히 생각해서 독서는 책을 쓴 저자가 자신의 경험을 바탕으로 하고 싶어 하는 이야기를 글로 전달하고 있는 것이니 나는 그 이야기들을 들어주고, 때로는 공감을, 때로는 반론을 하며 서로 대화한다는 생각으로 책을 읽으면 된다고 말이다. 우리가 자신의 주변 사람들과 이야기하는 것이 일상이듯이 독서는 주변이 아닌 먼 곳에 있는 사람, 한 번도 본 적 없는 사람과 대화한다고 생각하며 책 읽기를 한다면 독서는 당신의 일상이 되어있을 것이다. 독서를 특별하게 생각하지 말고 지금부터 독서를 자신의 일상으로 만들길 바란다.

독서는 내 삶의 종합비타민이다

요즘 많은 사람이 종합비타민 영양제 하나씩은 가지고 다니면서 챙겨 먹는다. 급변하는 현대 사회를 살아가는 우리는 패스트푸드나 인스턴트 등 인공조미료나 재료로 만들어지는 음식으로 끼니를 때우는 경우가 많아졌다. 이로 인해 음식물 섭취를 통해 얻어지는 신체적인 영양소가 줄어들어 별도로 비타민 등의 영양제를 챙겨 먹어야 하는 시대를 살아가고 있다. 이렇듯 건강을 생각하며 신체적 영양소는 챙기면서 정작 중요한 정신적 영양소에 대해서는 소홀하다. 정신이 육체를 지배한다는 말이 있듯이 정신 건강을 위한 영양소 공급이 필요하다.

우리 몸에 영양소가 부족하면 신체 기능에 영향을 줄 뿐만 아니라 심한 경우 질병을 유발하기도 한다. 그렇다면 영양소가 부족하면 어떤 현상들이 나타나는지 알아보자.

제일 먼저 철분이 부족하면 빈혈 증상이 나타난다. 철분은 신체 기능을 유지하는 데 아주 중요한 요소이다.

둘째로 눈이 침침하거나 야맹증 현상이 나타난다면 비타민 A를 챙겨야 한다. 비타민 A는 눈으로 들어오는 빛을 뇌 신경으로 전달하는 세포의 면역력을 높여주고 점막을 형성해 기능을 유지하는 데 도움을 준다.

셋째는 관절이 예전 같지 않다면 비타민 D를 보충해야 한다. 비타민 D는 칼슘, 인의 흡수를 도와주고 골밀도를 높여 골다공증을 예방한다. 비타민 D의 부족이 심할 경우 심혈관계 질환, 당뇨병, 암 등이 발병할 확률도 높으니 자주 챙겨 먹어야 하는 영양소이다.

넷째는 우리가 흔히 비타민이라고 불리는 것이 이 비타민 C인데 아마도 광고의 효과이지 않았나 하는 생각이 든다. 비타민 C가 부족하면 괴혈병이 생겨 상처가 잘 회복되지 않거나 멍이 쉽게 들고 머리카락이 얇아져 쉽게 빠지는 현상이 발생한다. 초기에는 피로감이나 식욕 등이 떨어지는 현상이 발생하니 방치해서 병을 키우지 말고 이때는 꼭 챙겨 먹어야 한다.

다섯째는 항산화 비타민인 비타민 E이다. 우리 몸의 노화나 암의 원인이 되는 활성산소를 무력화하고 콜레스테롤 수치를 낮춰주며 심혈관 질환을 예방해준다. 부족하면 백내장, 협심증 등이 나타나니 잘 챙겨 먹어야 한다.

여섯째는 마그네슘이다. 마그네슘이 부족하여 나타나는 대표적인 증상이 눈 아래가 떨리고 다리에 쥐가 잘 나며 심하면 발작 증상까지 나타난다. 한때 나도 고된 일에 시달려 눈 아래가 떨리는 현상이 나타났었다. 대수롭지 않게 생각하고 있었는데 점점 떨림이 자주 발생하고 떨림 강도가 높아져 병원에 찾아간 경험이 있다. 당시 마그네슘 부족이라는 진단을 받고 상당한 양의 마그네슘을 처방받아 먹었다. 다행히 마그네슘을 꾸준히 복용하니 발생하였던 증상들이 모두 사라졌다. 지금 피로감에 쌓여 눈 아래 떨림 증상이 발생하고 있는 독자가 있다면 빨리 마그네슘부터 챙겨 먹길 바란다.

마지막으로 칼슘은 누구나 뼈에 좋다는 건 알고 있을 것이다. 칼슘이 부족하면 뼈의 강도가 약해지거나 골밀도가 낮아져 작은 충격에도 쉽게 골절되는 현상이 나타난다. 또한, 이유 없이 피로감을 느끼고 온몸의 관절이 쑤시는 듯한 느낌이 들기도 하니 마그네슘, 비타민 D와 함께 먹는 것이 뼈를 보호하는 좋은 방법이다.

이외에도 칼륨, 비타민 B, 비타민 K 등 더 많은 영양소가 존재하고 부족하면 일상생활을 하기 어려울 정도의 증상들이 유발된다. 심지어 심할 때는 극심한 우울증으로 인해 자살로 이어지는 예도 있다. 이렇게 우리 눈에는 보이지 않는 작은 영양소가 결국 죽음으로까지 이어지는 무서운 현상을 만든다. 육체적인 영양소가 부족하면 이런 무서운 상황으로 가는데 정신적인 영양소가 부족하면 과연 어떻겠는가? 변화무쌍한 현대 사회에서 몸의 건강을 챙기듯이 정신의 건강도 챙겨야 한다. 그럼 정신적 영양소는 어디서 보충해야 할 것인가? 명상, 요가, 정신수양 등 다양한 방법으로도 가능하지만 나는 정신적 영양소를 저렴하면서도 가장 많이 공급받을 수 있는 것이 독서라고 생각한다. 독서를 통해서 자신을 돌아보고 책 속의 다양한 지식과 사유를 통해 우리의 정신 속에 존재하는 부정적인 독소를 빼내고 긍정적이고 맑은 영양소를 공급받아 건강한 정신을 만들면 몸의 건강도 자연스레 따라올 것이다.

독서를 하기 이전의 나는 무기력한 삶을 살았다. 늘 똑같은 일상의 패턴으로 회사와 집을 오고 가며 특별한 꿈도 목표도 없는 삶을 살아왔다. 하루하루 먹고살기에만 급급해하며 스트레스를 친구나 직장동료들을 만나 술을 마시며 누군가의 뒷담화를 하며 풀었다. 또, 그동안 살아온 자신의 인생에 대해 후회스러운 나날들을 떠올리며 혼자 술을 마시곤 했다.

한때 우울증이라는 것이 단순한 정신적인 문제라고만 생각했다. 의지력과 정신력이 약한 사람들이 겪는 가벼운 고통 정도라고 생각하며 우울증으로 인해 자살을 선택한 사람들을 향해 그것도 극복하지 못하는 사람들은 의지력, 정신력 등이 약한 사람이라고 생각했다. 그러나 막상 우울 증상을 겪어보니 생각이 완전히 달라졌다. 매사에 의욕이 떨어지고 가벼운 일도 힘들어하며 신세 한탄만 지속되었고 이렇게 살아서 뭐하나 하는 생각까지 들기도 했다. 주변에서 발생하는 상황이 어렵고 힘들었던 것도 있었지만 무엇보다 자괴감에 빠져들어 세상을 살아가는 게 너무 힘들다는 생각이 강하게 지배되고 있었다.

매사에 의욕이 없던 상황을 극복할 수 있었던 것이 우연히 접했던 한 권의 자기계발서였다. 주변 지인 중 한 사람은 자기계발서는 실현 불가능한 것을 거짓말로 현혹한다며 읽지 않는다고 한다. 그러나 나는 자기계발서로 인해 내 삶을 다시 한번 변화시킬 수 있었고 내 안에 잠들어 있는 열정에 불을 지폈다. 당시 그 사람과의 대화는 거기서 끝이 났지만 내 맘속에 하고 싶었던 말은 실현 불가능을 작게라도 실행하며 내가 만족하는 수준으로 실천하면 되지 않겠냐고 생각했다. 책을 쓴 작가는 자신의 경험을 토대로 자신의 삶이 긍정적으로 변했듯이 어렵고 힘든 상황에 놓여있는 누군가의 삶도 변하기를 바라는 마음에서 이야기한 것이다. 작가 자신을 자랑하려는 것도 무조건 따라 하라는 것도 아니다. 단순히 책만 읽었을 때는 몰랐지만 글을 쓰고 있는 지금의 나는 책을 쓰는 작가들이 이런 마음에서 쓴다고 생각한다. 작가들의 마음을 받아들일지 말지는 책을 읽는 독자의 몫이다. 꼭 자기계발서 분야만이 삶의 변화를 만드는 건 아니다. 다양한 분야의 여러 가지 지식을 전달받을 수 있는 책을 읽는 그 자체만으로도 자신의 삶에 활력소를 얻을 수 있다. 사람은 자신이 관심 있는 분야의 새로운 것을 배울 때 가장 열정적으로 된다. 세상에 존재하는 모든 분야의 책이 존재한다. 지금 당장 자신이 조금이라도 관심이 있거나 그동안 미루고 있던 분야의 책을 몇 권 사서 읽어보라. 지루하고 무기력했던 삶의 변화가 서서히 찾아올 것이다.

우리는 건강한 몸을 생각하며 몸속 영양소에만 신경을 쓴다. 하지만 정신이 건강하면 육체의 건강은 따라오게 되어있다. 나는 이것을 몸소 체험했기에 강력하게 말할 수 있다. 끔찍한 사고로 죽음의 문턱에서도 다시 살아난 사람들의 이야기를 들어봤을 것이다. 극한의 상황에서 극적으로 구조된 사람들의 이야기도 들어봤을 것이다. 이 모든 사람이 살아날 수 있었던 것이 바로 정신력이다. 독서는 우리에게 정신력을 강화할 수 있는 영양소를 공급해준다. 무기력했던 내가 활기찬 나로 변화할 수 있게 된 계기가 독서였듯이 독서를 통해 누구나 변화할 수 있다. 책은 수많은 현인의 지혜가 담긴 보물과 같은 존재이다. 부디 독서를 통해 육체를 지배하는 우리의 정신에 종합비타민과 같은 영양분을 충분히 공급받아 살아가길 바란다.

제2장

독서시스템이 나를 단련시킨다

황중숙

디지털 읽기 vs 아날로그 읽기

　내가 독서 모임에 참여한 지는 약 7년 정도 된다. 7년간 독서 모임에 참여했다면 나의 독서량이 상당할 것 같지만 사실은 그렇지 않다. 나는 책을 거의 읽지 않고 무늬만 독서모임회원으로 있다가 올해부터 '최소한 책은 읽고 참여하자'란 굳은 결심으로, 비교적 다른 때보단 높은 완독률을 보이며 참여하고 있다. 그동안 책을 읽고 참여하자란 결심을 안 한 건 아니지만(사실 해마다 연초에 하는 결심이지만) 번번이 지키지 못했다. 내게 '책 읽기'는 일종의 마지못해서 해야만 하는 숙제 같은 것이었다. 이런 나를 요즘 솔깃하게 하는 게 있다. 바로 오디오북이다.

　어느 날 TV를 보다가 우연히 오디오북 광고를 보게 됐는데 "출퇴근 길에도 휴식 중에도 운동 중에도 언제 어디서든 그냥 듣기만 하면 돼" 이런 문구가 들려왔다.

정말? 출퇴근하면서 운동하면서, 그냥 듣기만 하면 된다고?

이 말만으로도 나를 유혹하기에 충분했다. 출퇴근 시간이나 걷는 시간, 운전하는 시간 등 길에 버리는 시간을 활용해서 독서를 하니 시간 내어 읽어야 한다는 부담도 덜고, 한 번에 두 가지 일을 동시에 할 수 있으니 시간도 얼마나 효율적으로 활용하는 것인가? 금상첨화가 따로 없다. 그러나 한편으로 '듣기만 하는 것이 내가 눈으로 직접 읽는 것과 과연 똑같은 독서 효과가 있을까?' 하는 의구심도 살짝 들었다. 그래서 우선 한 달 무료 구독 기회를 이용해 보기로 했다.

출퇴근하며, 저녁 식사를 준비하며 나는 오디오북을 열심히 들었다. 염려와는 달리 제법 집중이 잘 되었고, 듣는 속도도 조절할 수 있어서 빠르게 들을 수도 있었다. 종이책으로 읽을 때는 1주일에 한 권 읽기가 힘들었는데 오디오북은 1주일에 2~3권 읽기도 충분히 가능했다. 오디오북으로 한 권 읽기가 끝날 때마다 늘어가는 독서량에 뿌듯함도 느껴졌다.

2021년 국민독서실태조사 결과에 따르면, 성인의 연간 독서율은 독서 매체별로 '종이책' 40.7%, '전자책' 19.0%, '오디오북' 4.5%로 2019년 대비 종이책은 11.4%p 감소하였고, 전자책은 2.5%p, 오디오북은 1.0%p 각각 증가하였다. 초·중·고 학생의 매체별 연간 독서율은 '종이책' 87.4%, '전자책' 49.1%, '오디오북' 14.3% 순으로 나타났으며, 2019년 대비 종이책은 3.3%p, 오디오북은 4.4%p 각각 감소하였고, 전자책은 11.9%p 증가하였다. 전체적으로 독서율 변화 추이를 살펴보면, 종이책 독서율은 지난 10여 년간 계속 감소세를 보이는 반면, 전자책의 독서율은 점점 증가하고 있음을 알 수 있다. 이는 과거 종이책을 통해 얻었던 지식과 정보를 지금은 스마트 폰, PC, 인터넷, 모바일 등의 디지털 환경에서 제공하는 각종 콘텐츠로 대신하기 때문이다.

이제 전 세계의 사람들은 인터넷이라는 거대한 도서관에 자신들의 정보를, 지식을, 다양한 콘텐츠로 제공한다. 사람들은 거의 무한대의 정보를 온라인으로 보고, 듣고, 읽는다. 이렇게 디지털 정보가 널려 있는 시대에 꼭 책을 읽어야 할까?

현대사회가 디지털 환경으로 급변하면서 다양한 디지털 읽기 매체가 등장했고, 이에 따라 '독서'의 개념과 범위를 확장해야 한다는 의견들도 나오고 있다. 아직 하나로 합의된 것이 아니기에 여기서는 '책'의 범주를 '종이책'으로, 독서를 디지털 매체로 대변하는 '디지털 읽기'와 인쇄물 읽기로 대변하는 '아날로그 읽기'로 나누어 생각하겠다.

미국의 다트머스 대학과 카네기멜론 대학 연구팀의 '종이로 읽을 때와 모니터로 읽을 때 이해도의 차이'라는 연구 결과를 보면, 노트북 PDF 파일로 글을 읽은 사람은 구체적인 사항이나 정보를 잘 기억하는 반면, 종이로 읽은 사람은 전체적인 글의 맥락을 짚고 스토리를 추론하는 힘이 더 우수한 것으로 나타났다. 디지털 읽기는 정보 그 자체에 집중하게끔 하는 일종의 좁은 시각을 제공하지만, 아날로그 읽기는 디지털 읽기보다 훨씬 종합적인 판단을 하고 문제 해결에도 더 도움이 된다고 한다.

또한 덴마크 출신 전산학자인 제이컵 닐슨 박사의 실험에 의하면, 사람들은 디지털 매체를 읽을 때 알파벳 'F'자 모양으로 재빨리 훑으면서 스캐닝을 한다고 한다. 즉 문서를 재빨리 훑기 위해 맨 위 1~3문장만 끝까지 살펴본 후 중간까지 뛰어넘은 뒤 중반부 한두 문장을 읽고 나머지는 읽지 않는다고 한다.

《다시, 책으로》의 저자 매리언 울프는 디지털 읽기의 '훑어보기' 방식이 익숙해지면서 '깊이 읽기' 능력이 사라지고 있다고 경고한다. 종이책을 읽을 때 구축된 뇌의 '깊이 읽기'는 유추와 추론 등을 통해 비판적인 사고를 가능하게 하고 인간의 사고능력을 확대했다. 그런데 디지털 읽기가 일반화되면서 인쇄물을 읽을 때도 디지털 매체를 읽듯 문장을 듬성듬성 건너뛰며 읽는다는 것이다. 이런 읽기 방식으로는 '깊이 읽기'에서 일어나는 사고의 확장이나 인지 능력의 발달을 기대할 수 없다.

그러나 디지털 시대에 디지털 매체를 멀리하라고 할 수는 없다. 오히려 디지털 매체를 이용한 정보 습득은 더욱 활발히 이루어질 것이고 디지털 읽기는 더 확산될 것이다. 따라서 디지털 읽기와 아날로그 읽기의 특성을 이해하고 목적에 맞게 전략적으로 활용하는 능력을 키워야 할 것이다.

나의 오디오북 무료 체험은 끝났다. 나는 지금 오디오북과 전자책, 이렇게 두 개의 플랫폼을 정기 구독하고 있다. 내가 구독하는 이유는 오디오북과 전자책이 종이책보다 좋아서는 아니다. 아날로그 세대인 나는 여전히 종이책이 익숙하고 좋다. 오디오북은 집중해서 듣는다고 해도 잠깐 한눈파는 사이에 놓치는 부분이 있고, 천천히 곱씹고 싶은 부분이 있어도 일정 속도대로 읽어 나가는 단점이 있다. 또 나중에 다시 듣고 싶은 부분을 찾으려고 해도 찾는 게 쉽지 않다. 전자책은 종이책에서 할 수 없는 검색 기능이 아주 유용하다. 그래서 내가 어떤 주제에 대해 관련 도서들을 참고할 필요가 있을 때나 빠르게 훑으면서 필요한 정보를 찾을 때 주로 활용한다. 전자책이나 오디오북으로 보고 듣고, 다시 읽어야겠다고 생각되는 것은 종이책으로 구입해서 읽는다. 종이책으로 읽으면서 밑줄도 긋고 메모를 해야 진짜 독서를 한 것 같다. 그래서 나는 깊이 읽을 필요가 있을 땐 종이책으로, 많은 자료를 참고하거나 많은 양을 빠르게 훑으면서 필요한 정보를 찾을 땐 전자책으로, 출퇴근 길, 식사 준비, 산책할 땐 오디오북을 활용한다.

디지털 정보가 널려 있는 시대에 꼭 책을 읽어야 할까? 그러기에 나는 더 읽어야 한다고 생각한다. 널려 있는 정보들 속에서 옥석을 가리고 주체적으로 판단하고 창조적으로 재활용하는 능력이 독서를 통해 길러지기 때문이다. 나는 디지털 네이티브 세대들이 간략히 요약된 정보에만 길들어서 길고 어려운 글이나 책 읽기를 기피하고 스스로 정보를 분석하거나 판단하는 능력을 잃지 않기를 바란다. 다양한 매체들을 자신의 필요에 따라 선택하고 각각의 매체로 생각하는 법을 배워 사고력을 확장해 나가길 바란다. 정보의 홍수 속에서 휩쓸려 다니는 것이 아니라 탄탄한 독서력으로 생각의 바다를 헤엄쳐 자신의 미래를 만들어나가길 바란다.

독서할 수밖에 없는 시스템을 만들어라

새해가 되면 나는 어김없이 새해 계획을 세운다. 그리고 '올해만큼은 꼭 지키리라' 굳은 결심을 한다. 하지만 그 결연했던 결심은 어느새 흐지부지되고, 또다시 새해가 되면 '아, 내가 왜 그랬을까, 좀 더 열심히 살걸…' 하는 후회와 더불어 나의 게으름과 의지력이 약함을 탓하면서 자기비판에 빠진다. 그러다가 '그래도 올해는 잘할 수 있을 거야.'라는 근거 없는 희망을 품으면서 새해 계획 세우기를 반복한다.

한 조사 결과에 따르면 새해 결심이 성공할 확률은 8%에 불과하다고 한다. 결심을 한 사람들의 25%는 1주일 안에 포기하고, 30%는 2주일 안에 포기하며, 한 달 안에 반 가까이가 포기하여 결국 연말에 가서 결심을 이룬 사람은 10명 중 한 명도 채 되지 않는다고 한다. 대체 왜 그럴까? 왜

대다수 사람은 계획을 실천하지 못하는 걸까? 나처럼 게으르고 의지력이 약해서? 원래 실천할 수 없는 무모한 계획이었나? 실천 방법이 잘못되었나? 아니면 계획을 완수하는 것은 타고난 독종에게만 가능한 건가?

만약 계획을 지키는 것이 하나의 습관이라면 계획을 지키지 못하는 것 또한 일상의 습관으로 자리 잡은 건 아닐까? 그렇다면 습관의 문제인가?

습관에 관한 저서로 잘 알려진 로버트 마우어나 제임스 클리어는 우리가 계획을 습관으로 성공시키지 못하는 것은 우리의 잘못이 아니라 그것을 실행하는 전략, 시스템이 잘못되었기 때문이라고 한다. 그렇다면 전략을 잘 짜고, 실천할 수밖에 없는 시스템을 만들면 어떤 습관이든 성공할 수 있다는 말이 되는 것 아닌가? 다행히 뇌과학, 심리학 등의 발달로 습관에 관한 연구가 많이 이루어졌고, 그 결과로 습관 형성에 관한 책들이 시중에 많이 나와 있다. 만약 습관을 바꾸기로 마음만 먹는다면 이 책들이 훌륭한 길잡이가 될 수 있고, 또 많은 사례가 이를 증명해 주고 있다. 나도 이 책들의 도움을 받아 나의 습관을 고쳐 보기로 했다.

'습관'의 사전적 의미는 '어떤 행위를 오랫동안 되풀이하는 과정에서 저절로 익혀진 행동 방식'이다. 다시 말하면 습관은 우리가 의식하기도 전에 자동으로 이루어지는 행위이다. 그렇다면 이미 형성된 나쁜 습관의 자동화 고리는 어떻게 끊을 수 있을까?

나는 《아주 작은 습관의 힘》에서 제임스 클리어가 제안한 행동 변화의 법칙들을 이용해서 나의 습관 형성 시스템을 만들어 보기로 했다.

내가 제일 먼저 정착시키고 싶은 습관은 '하루 1시간 독서하기'다. 이를 출근해서 30분, 잠자기 전 30분으로 나누어 실천하기로 했는데 여기서는 '출근해서 30분 독서하기' 시스템만 소개하기로 한다.

나는 일찍 출근해서 업무 시작 전 30분간 독서를 하려고 했다. 그런데 막상 일찍 출근하면 일찍 출근한 그 시간이 온전히 책을 읽는 나의 시간이 되지 못했다. 결재할 게 올라와 있으면 결재부터 하고, 업무 관련 의논하러 오는 부서원과 얘기하고, 전화벨이 울리면 전화를 받고…. 독서를 하려고 일찍 출근했으나 업무만 더 일찍 시작하는 꼴이 되었다. 이럴 바엔 집에서 읽고 출근할까 하는 생각도 했지만 그렇게 되면 가장 교통체증이 심한 시간대에 출근하게 되어 길에서 정체하는 시간이 더 길어진다. 차라리 일찍 출근하여 직장에서 독서 시간을 확보하고 싶었다.

내가 근무하는 곳의 출근 시간은 8시 40분까지다. 나는 8시까지 출근하고 업무는 8시 40분부터 시작하기로 마음먹었다. 나의 아침 독서를 방해하는 요인을 찾기 위해 8시에서 8시 40분까지 이루어지는 나의 습관을 적어 보았다.

나는 출근하면 가방을 내려놓고 자리에 앉자마자 컴퓨터를 켠 후, 업무 사이트와 바탕화면에 깔린 메신저, 카카오톡을 연다. 커피 한 잔을 타서 마시면서 업무 사이트에 올라온 공문을 훑어보고 그사이에 와 있거나 새로 오는 메신저와 카카오톡 내용을 확인하고 답장을 한다. 전화벨이 울리면 받고, 의논 차 찾아오는 부서원이 있으면 같이 얘기를 나눈다. 공문, 메신저, 카카오톡을 급한 일이 없는지 잠깐만 확인하고 책을 본다는 것이 이것저것 결재하고, 회신하다 보면 어느새 업무 시작 시간이 되어버린다. 책을 읽기 위해 남들보다 일찍 출근했건만 정작 나를 위해 쓴 시간은 없다. 아침에 찾아오는 부서원들이 가지고 오는 일들도 대부분은 오후에 처리해도 되는 것들이다. 단지 그들도 업무 시작 전 약간의 여유시간에 나의 메신저가 켜져 있는 것을 보고 내려와서 얘기하는 것이다. 내가 그 자리에 없었다면 찾아오지 않고 오후에 나눴을 것이다.

이렇게 아침에 습관처럼 행해지는 일들을 적고 보니 아침 독서를 방해하는 주범도 알게 되었다. 바로 공문, 메신저, 카카오톡, 전화, 찾아오는 부서원이 내가 차단해야 할 요소다. 좋은 습관을 기르기 위해선 진입 장벽을 낮추고 나쁜 습관을 제거하기 위해선 진입 장벽을 높이면 된다.

나는 출근해서 자리에 앉으면 습관처럼 켜는 컴퓨터를 업무 시작 시각, 8시 40분에 켜기로 했다. 컴퓨터를 안 켜면 자동으로 메신저, 카카오톡도 차단된다. 그리고 읽을 책을 들고 나만의 비밀 장소로 이동한다. 내 자리에 앉아 있으면서 울리는 전화벨, 찾아오는 부서원을 외면할 수 없기도 하거니와 책을 조용한 공간에서 집중해서 읽기 위한 전략이기도 하다. 비밀 장소에 도착하면 미리 세팅된 타이머를 켜고 30분간 독서를 한 후 내 자리로 돌아온다. 내 자리에 와서 맛있는 커피를 타서 마시며 책상 위의 탁상 달력에 동그라미 표시를 한다. 주말엔 아침 7시에 작은 방에 있는 내 책상에 앉아서 읽는다. 이렇게 일주일간 하루도 빠짐없이 모두 실천하면 나는 여행통장에 3만 원을 입금한다. 책 한 권을 다 읽을 때마다 빈 클립통에 클립 1개씩을 넣고 보너스로 여행통장에 1만 원을 넣는다.

이것이 나의 '아침 독서 30분 시스템'이다. 이 시스템에는 몇 가지 실행 전략들이 녹아 있는데 정리해 보면 다음과 같다.

(환경 조성) 컴퓨터를 켜지 않는다. 비밀 장소로 간다. 책을 늘 갖고 다닌다.

(신호) 책을 꺼낸다. 이것이 나의 독서 신호이다.

(실행 의도) 나는 매일 아침 8시부터 30분까지 OOO에서 책을 읽는다.

반드시 '시간'과 '장소'를 넣어 '나는 [언제] [어디서] [어떤 행동]을 하겠다'라는 실행 의도가 있으면 그렇지 않을 때보다 그것을 실행할 확률이 더 높다.

(습관 쌓기) 책을 꺼낸다. [현재의 습관] + 아지트로 걸어간다. [새로운 습관]

'습관 쌓기'는 이미 매일 하는 [현재의 습관]에 이어서 해야 할 [새로운 습관]을 짝짓는 것이다.

(유혹 묶기) 책을 읽는다. [내게 필요한 습관]+커피 한 잔을 마신다. [내가 원하는 습관]

'유혹 묶기'는 '해야 할 행동'을 '하고 싶은 행동'과 짝을 지어 실행력을 높이는 전략이다.

(습관 추적) 책을 읽고 나서 달력에 동그라미 표시를 한다. 한 권을 다 읽었을 때는 클립 통에 클립 한 개를 넣는다.

'습관 추적'은 어떤 습관적 행동을 했는지를 측정하는 것이다. 실천한 결과를 달력에 표시하거나 기록하는 것 등을 들 수 있다. 이것은 시각적으로 습관의 흐름을 볼 수 있어 만족감을 주고 행동을 하고자 하는 욕구를 부추기는 효과가 있다.

(보상) 독서 후에 마시는 달콤한 커피 한 잔, 주말마다 입금되는 3만 원과 책 한 권을 다 읽었을 때 1만 원씩 입금되는 나의 여행통장

'보상'이 있으면 그 행동이 즐겁고, 반복하게 된다. 따라서 습관을 완수하면 반드시 자신에게 보상하라.

(무리에 소속되기) 2주일에 한 번 있는 독서 모임에 꾸준히 참여하여 내가 원하는 습관을 지닌 사람들의 무리에 소속됨으로써 나의 독서 습관을 강화하고 자극을 유지한다.

지금까지 소개한 나의 '아침 독서 30분 시스템'을 보고 '뭐, 별것도 아니네' 하며 코웃음을 치는 사람도 있을지 모르겠다. 맞다. 나의 시스템이란 게 뭐 별거 있나….

하지만 이 별것 아닌 것처럼 보이는 시스템으로 나는 아침 독서 30분을 유지하고 있고, 이 성취 경험으로 내가 번번이 실패하면서도 해마다 빠짐없이 새해 계획에 넣었던 '새벽 6시 기상', '영어 공부' 시스템을 만들어 도전하고 있다. 이제 나는 더 이상 내가 게으르다거나 인내심이 부족하다고 탓하지 않는다. 대신 나의 습관을 점검하고 시스템을 돌아본다. 아마도 내년 새해 계획을 세울 때는 질책과 후회 대신 뿌듯함과 설렘으로, 지킬 수밖에 없는 시스템을 만드느라 고심할 것이다.

혹시 당신은 작년 연말에 후회했던 일을 지금도 같은 방식으로 계속하고 있진 않은가? 똑같은 행동을 반복하고 있다는 건 생각하지 않고 결과만 탓하고 있진 않은가? 콩 심은 데 콩 나고 팥 심은 데 팥 나는 이치처럼 당신 앞에 나타난 결과는 당신이 습관처럼 한 행동의 결과이다. 그러므로 원하는 결과를 얻고 싶다면 당신의 습관을 바꿔라. 습관을 바꾸려면 먼저 현재의 습관을 정확히 인지하고, 나도 모르게 반복되는 습관 자동화의 고리를 새로운 시스템으로 대체하라. 지킬 수밖에 없는, 자신에게 최적화된 자신만의 습관 시스템을 만들어라. 모든 위대한 성과는 작은 1%의 변화에서부터 시작된다.

독서의 임계점을 돌파하라

나는 어렸을 때 배우고 싶은 게 참 많았다. 요즘 아이들은 부모의 손에 이끌려 피아노학원 한번 안 다녀본 아이가 없을 테지만 내가 어렸을 때만 해도 그렇지 않았다. 특히 내가 살던 곳은 도시 빈민촌에 해당하는 곳이어서 피아노학원을 구경할 수가 없었다. 그런데도 나는 엄마에게 피아노를 배우고 싶다, 바이올린을 배우고 싶다 졸라댔다.

내가 5학년 때 드디어 피아노를 배울 기회가 찾아왔다. 그 가난한 동네에서도 음대를 꿈꾸는 내 친구의 이모가 있었다. 당시 고등학생이었는데 그 이모의 오빠, 그러니까 내 친구의 외삼촌이 외지에서 사업을 하고 있었고, 음대 갈 동생을 위해 피아노 한 대를 사 주었다. 그리고 그 이모는 자신의 레슨비를 벌기 위해 초등학교 학생들에게 피아노를 가르쳤고, 5학년 조카인 내 친구에게 피아노 배울 친구들을 데려오라고 했던 것이다.

나는 친구에게 포섭됐고, 그날부터 엄마에게 피아노를 배우게 해 달라고 졸라댔다. 그 전에 바이올린을 배우겠다고 졸랐던 전력 때문인지 이번에는 엄마가 쉽게 승낙해 주셨다. 엄마의 생각에는 바이올린은 악기를 사야하는데 피아노는 안 사도 되니 차라리 피아노를 배우는 게 낫다고 생각하신 듯하다. 이렇게 해서 시작된 나의 피아노 교습은 6학년 졸업과 동시에 끝났다.

결혼을 하고 두 아이의 엄마가 되었다. 나는 여느 엄마들처럼 아이들을 피아노, 바이올린, 태권도, 미술학원으로 보냈고, 수영, 스키 등을 가르쳤다. 아이들은 비교적 잘 따라 했다. 그러나 곧 고비의 순간이 왔다. 드디어 그만 다니겠다고 선언하기 시작한 것이다. 아이들이 고학년이 되면서 아이들의 목소리는 점점 커갔고, 나는 서서히 그 목소리에 밀려나기 시작했다. 그래도 피아노만큼은 체르니 40번까지 마치게 하려고 끝까지 물러서지 않았다. 왜냐하면 아이들이 피아노를 곧잘 쳤고, 조금만 더 배우면 체르니 30번을 마치고 40번을 시작할 수 있기 때문이었다.

악기를 배워본 사람은 알겠지만, 사람들이 보통 초급에서 중급으로 넘어갈 때 포기하고 그만두는 경우가 많다. 그런데 중급을 넘기지 못하고 그만두면 나중에 시간이 지났을 때 안 배운 사람이나 조금 배운 사람이나 마찬가지가 된다. 즉 조금 배운 게 아무 쓸모가 없다는 뜻이다. 체르니 30번과 40번이 그렇다. 지금은 피아노 교재가 다양하지만, 그때만 해도 피아노 주교재는 체르니였고, 치는 순서는 바이엘, 체르니 100, 110, 30, 40, 50번 순이었다. 선생님에 따라 바이엘에서 체르니 30번으로 바로 넘어가는 경우도 있었는데, 피아노를 배우는 대부분 아이는 체르니 30번 언저리에서 끝을 낸다. 아니, 바이엘, 체르니 100번 조금 치다 그만두는 경우도 허다하다. 그나마 체르니 30번을 끝낸 건 많이 친 축에 속한다. 그러나 체르니 30번도 결국은 중급의 고비를 넘기지 못한 건 마찬가지다. 그렇지만 체르니 40번의 경우는 다르다. 40번 정도가 되면 피아노 치는 수준이 일정 궤도에 올라와 있어서 시간이 지난다고 해서 기능이 쉽게 소멸하지 않는다. 물론 오랫동안 안 치다 치게 되면 잠시 더듬거릴 수는 있겠지만 이내 제 실력을 찾을 수 있다. 이게 바로 임계점을 넘은 사람과 넘지 못한 사람의 차이다.

임계점이란 물질이 어떠한 현상에 의해 상태가 변할 때, 상태가 변하는 경계점을 말한다. 물을 예로 들어보면, 물은 100°C에서 끓는다. 온도를 99°C까지 올려놓아도 마지막 1°C를 넘기지 못하면 절대로 끓지 않는다. 이때 100°C가 임계점이다. 임계점이 지나야 비로소 물은 전혀 다른 차원인 수증기로 변한다. 이 '임계점'이 보통 자기 계발에서는 자신의 한계에 비유된다. 우리가 어떤 목표를 가지고 노력할 때 아무리 노력해도 전혀 진전이 없는 듯이 느끼는 순간이 있다. 그래서 그만 포기할까 망설이고, 좌절하기도 하는데 이때 이 순간을 잘 이겨내서 마침내 비약적으로 도약하는 사람이 있는가 하면, 포기하고 그만두는 사람이 있다.

피겨 여왕 김연아 선수는 훈련하다가 한계가 와서 주저앉아 버리고 싶은 순간들이 올 때면 '이 정도면 됐어, 다음에 하자'는 내면의 소리가 자신을 유혹했다고 한다. 그때마다 '지금 포기하면 안 한 것과 다를 바가 없다. 이 순간을 넘어야 내가 원하는 세상으로 갈 수 있다.'라는 생각으로 포기하고 싶은 그 1분을 참아냈다고 한다. 김연아 선수가 그 자리에 오르기까지 얼마나 많은 임계점의 순간들이 있었겠는가…. 그 순간들을 잘 이겨냈기 때문에 그 자리에 오를 수 있었을 것이다.

나는 배움에 대한 욕심이 많아서 이것저것 참 많이 기웃거렸던 것 같다. 그러나 생각해보면, 그 어느 것 하나 끝까지 붙잡고 궤도에 올려놓은 게 없다. 우리 아이들도 어르고 달래서 겨우 체르니 30번까지는 마쳤으나 결국 마지막 1° C의 벽을 넘지 못하고 그만두었다. 악기를 배우든, 운동을 하든, 공부를 하든 모든 노력에는 반드시 넘어야 할 임계점이 있다. 그 임계점을 넘어야 비로소 새로운 차원이 열리는 것이다.

독서에도 임계점이 있다. 나는 독서의 임계점을 두 단계로 나눠 보고자 한다. 첫째는 독서가 습관이 되는 단계, 둘째는 독서를 통해 사고가 폭발적으로 성장하는 단계이다.

나는 책을 많이 읽는 편이 아니었고, 독서를 좋아하지도 않았다. 책 읽는 속도도 너무 느려서 1시간을 읽어도 겨우 30쪽 정도를 읽는 수준이었다. 어느 날, 같은 독서 모임 회원인 친한 후배가 1년 동안 150권 정도의 책을 읽었다는 소리에 내색은 안 했지만 충격을 받았다. 사실 그 후배를 독서 모임으로 이끈 사람이 바로 나였는데 그 당시 나는 한 달에 한 권 정도도 읽지 못했다. 독서 모임에서 나의 별명은 '들깨적의 여왕'이었다. '들깨적'은 책을 읽지 못한 사람이 다른 사람의 이야기를 듣고 깨달은 점, 적용할 것을 얘기하는 것이다. 나는 한 달에 책 한 권도 안 읽는 나 자신이 부끄러웠고, 이제는 '들깨적의 여왕'이라는 오명도 벗어야겠다는 생각이 들어서 독서를 열심히 하기로 마음먹었다.

독서는 의도적으로 시간을 내서 읽지 않으면 절대로 습관이 되지 않는다. 나는 욕심 내지 않고 우선은 독서 습관을 만드는 것에 주력하기로 했다. 그리고 매일 아침 일어나서 10분 동안 책을 읽었다. 습관은 '시간'이 아니라 '횟수'라는 말을 상기하면서 하루도 거르지 않고 매일 실천했다. 한 달쯤 지나니 어느덧 독서가 습관이 되고, 책 읽는 속도도 점점 빨라졌다. 보통 10분이면 10쪽 정도를 읽을 수 있고, 책 한 권을 평균 300쪽으로 잡았을 때, 하루 30분만 투자하면 한 달에 3권, 일 년이면 36권의 책을 읽을 수 있다. 독서 모임에선 2주에 한 권씩 다루니 마음만 먹으면 충분히 읽고도 남는 시간이다. 그동안 바쁘고 시간이 없어서 못 읽었다고 생각했는데, 이렇게 산술적으로 따져보니 시간이 없는 게 아니라 의지가 없었던 것이다. 이제는 일어나면 자동으로 책을 드니 독서 습관의 임계점은 지난 것 같다. 독서 습관이 들기 전에는 애써서 읽으려고 노력해야 하지만 습관이 되고 나면 애쓰지 않아도 저절로 읽게 되고, 읽다 보니 읽는 재미가 나서 더 읽게 된다. 이렇게 되면 독서 습관의 임계점을 넘은 것이다.

다음은 독서를 통해 사고가 폭발적으로 성장하는 제2의 임계점이다.

우리는 독서로 인생의 전성기를 맞이한 사람들의 이야기를 종종 듣는다. 병상에 있는 3년 동안 4천 권의 책을 읽은 소프트뱅크 손정의 회장, 병상에서 2년 6개월 동안 3천 권을 읽은 이랜드 그룹 박성수 회장, 감옥에서 하루 10시간씩의 독서를 하며 감옥을 도서관으로 삼은 김대중 대통령, 초등학교도 졸업하지 못한 약점을 극복하기 위해 중학생이 될 나이에 3년 동안 천 일 독서를 실천한 교보문고 신용호 회장, 학교를 그만두고 도서관에 있는 책을 모조리 읽은 발명왕 에디슨 등.

이들의 공통점은 단기간에 많은 양의 독서를 한 것이다. 단기간에 많은 양의 독서를 하게 되면 독서에 가속도가 붙어 읽는 속도뿐 아니라 이해 수준과 사고력이 기하급수적으로 성장하여 문리(文理)가 트이고 통찰이 일어나는 경지가 된다. 이때가 독서의 임계점이 일어난 순간이다. 이와 같은 2단계의 임계점을 돌파하려면 독서의 양이 일정 수준을 넘어야 하고, 2~3년이라는 단기간에 이루어져야 한다. 예를 들어 1,000권의 책을 10년 동안 꾸준히 읽으면 독서를 통해 마음의 양식이나 지식을 얻을 수는 있겠지만 의식의 수준이 획기적으로 뛰어오르지는 않는다. 그러나 1,000 권의 책을 3년 내로 읽게 되면 자신이 갖고 있던 의식의 수준을 뛰어넘어 비약적으로 도약하게 되고 자신과 세상을 전혀 다른 눈으로 꿰뚫어 볼 수 있는 혜안이 생긴다. 이때가 바로 임계점을 돌파한 것이며 독서를 통한 삶의 변화를 끌어낼 수 있다. 손정의는 3년간 4천 권의 집중 독서로 미래를 내다보는 눈을 갖게 되었고, 사업의 방향을 결정하고 자신의 사업에 대한 전체적인 그림을 그리게 되었다고 한다.

우리가 독서를 하는 목적은 궁극적으로 독서를 통해 우리의 의식 수준을 높이고 나를 변화시켜 삶의 질을 높이는 것이라고 생각한다. 살면서 부딪치는 어려움을 현명하게 헤쳐나가는 지혜도, 인생에 대한 깊은 성찰도 독서를 통해 이루어진다. 우리는 우리가 읽는 만큼 성장하고, 나의 독서 수준이 나의 미래를 결정한다. 책을 읽어도 삶의 변화가 없다면 아직 나의 의식 수준이 임계점을 돌파하지 못했기 때문이다. 변화하고 싶다면, 독서로 성장하고 싶다면 독서의 임계점을 돌파하라. 오늘도 나는 나의 임계점을 넘기 위해 독서한다.

목적 있는 독서를 해라

많은 사람들이 여러 가지 이유로 독서에서 멀어져가고 있다. 2021 국민독서실태조사에 따르면 성인들이 책을 읽기 어려운 가장 큰 이유로 '일 때문에 시간이 없어서'(26.5%)를 꼽았다. 과연 시간이 없어서 독서를 못하는 걸까? 내 경험에 의하면 '시간이 없어서'가 아니라 '우선순위'에서 밀리기 때문이다. 책을 읽어야 할 분명한 이유가 있다면 우선순위를 높여 읽을 시간을 만들었을 것이다.

노벨화학상을 수상한 독일의 물리 화학자 오스트발트는 '위인이나 성공한 사람들의 공통점은 무엇인가?'라는 조사에서 위인이나 성공한 사람들은 모두 독서가라는 사실을 밝혀냈다. 또 《세계 최고 인재들은 어떻게 읽는가》의 저자 아카바 유지가 성공한 사람들을 관찰한 결과에서도 성공한 사람들은 아무리 바빠도 책을 읽고, 읽은 후 자신의 일과 생활에 적용한다는 공통점을 발견했다.

　책을 읽고 그 속에서 얻은 아이디어를 자신의 일에 적용하여 성공한 사람 중에 개그맨 고명환이 있다. 그는 4번의 사업 실패 경험을 딛고 지금은 연 매출 10억이 넘는 메밀국수 식당의 CEO가 되었다. 그는 독서를 통해 세상의 흐름을 파악하고 책 속에서 찾은 '온난화'라는 단어에 착안하여 '메밀국수'를 창업 아이템으로 잡았다고 한다. 보통의 사람들은 '온난화와 음식점이 무슨 연관이 있지?'라고 생각할 것이다. 그런데 그는 온난화가 되면 날씨가 점점 더워지고, 여름이 길어질 것을 예상하여 여름 시장을 겨냥해야겠다고 생각했다. 그리고 한국의 대표적 흐름인 '고령화'를 떠올렸고, 고령화 시대에 건강에 관한 관심이 증가하면서 '건강한 먹거리'에 대한 관심이 높아지고 있다는 사실에 주목했다. 그래서 '여름철 건강 먹거리'로 '메밀국수'를 창업 아이템으로 잡은 것이다. 또한 그의 마케팅 전략도 책을 읽고 책 속에서 '공짜'와 '입소문'이라는 단어에서 아이디어를 얻어 적용한 것이다. 대부분 사람은 '공짜'를 좋아한다. 그리고 전 세계 거의 모든 업종에서 이 공짜 마케팅 전략을 활용하기도 한다. 음식점에서 자판기 커피나 사탕을 제공하는 것도 공짜 마케팅 전략 중 하나다. 그는 자신의 음식점에서 자신이 가진 재능을 활용하여 다이어트, 핸드드립 커피 등의 공짜 강의를 제공했다. 강의는 음식점에서 손님들이 없는 오전 시간에 이루어졌고, 강의가 끝나면 곧 점심시간이 된다. 강의의 내용이 유익하고 기분이 좋았다면 사람들은 어떻게 할까? 그 자리에서 점심을 먹고 갈 것이다. 그러면 자연스럽게 고객 확보가 되는 셈이다. 그런데 그 점심이 맛있었다면? 사람들은 입소문을 낼 것이다. 공짜 강의로 고객 확보에 입소문까지 얻게 되는 것이다.

'어떤 사업에, 어떤 메뉴로, 어떤 가격으로, 어디에, 어떤 사람들을 타깃으로 차려야 사람들이 몰려올까?' 이 모든 것을 독서와 사색을 통해 세상의 흐름을 읽고 얻어낸 것이다.

많은 사람이 독서가 유익하고 필요하다고 말하면서도 우선순위에서 밀리는 이유는 뭘까? 그것은 독서와 삶이 분리되기 때문이다. 내가 책을 읽는 게 나의 업무 효율을 높이고, 성과로 이어지고, 나를 한 단계 더 성장시키는 계기가 된다는 것을 피부로 느낀다면 좀 더 적극적으로 책을 읽을 것이다. 그런데 피상적으로 독서는 좋은 것이니까 읽어야 한다는 생각으로 읽으면 단순히 책을 읽는 데서 멈추기 때문에 독서와 삶이 연계되지 못하고 독서의 효과도 얻지 못한다. 그러니까 당장 처리해야 할 긴급한 일들에 독서가 항상 밀리게 되는 것이다. 그러나 성공한 사람들은 단 한 권을 읽어도 내가 이 책을 왜 읽는지 목적을 분명히 하고 자신의 업무와 삶에 직결시켜서 결과를 얻어낸다. 그래서 아무리 바빠도 시간을 내어 책을 읽는 것이다. 고명환이 강의료 500만 원 제의를 뿌리치고 독서를 택했다고 하는데 아마도 그 이유는 500만 원 그 이상의 소중한 가치를 독서에서 발견했기 때문일 것이다.

그동안 나도 독서를 하려고 무척 애썼던 사람 중에 하나다. 그런데 나 역시 독서를 해야 한다는 당위성에만 머물렀지 '왜 독서를 해야 하는지?',

'독서가 나에게 어떤 의미가 있는지?', '나는 이 책을 왜 선택했는지?', '이 책에서 내가 얻고 싶은 것이 무엇인지?' 진지한 물음이 없이 그냥 읽기만 했다. 그저 책을 읽었다는 뿌듯함에 스스로 만족했던 것 같다.

독서를 통해 삶을 변화시켰던 사람들은 모두 책을 읽으며 얻은 생각을 자신의 업무나 삶에 잘 활용한 사람들이다. 그러나 책을 읽는 모든 사람이 책 속에서 아이디어를 얻는 것은 아니다. 같은 책을 읽고 똑같이 '온난화'라는 단어를 접했지만 어떤 사람은 그 단어가 있었는지조차 기억도 못하고, 어떤 사람은 기억은 하지만 크게 의미 있게 받아들이지 않았을 것이다. 고명환이 '온난화'라는 단어에서 '메밀국수'를 생각하게 된 것은 목적을 갖고 스스로 질문을 던지면서 책을 읽었기 때문에 '온난화'라는 단어가 눈에 들어왔고 거기에서 실마리를 찾은 것이다. 이처럼 목적을 갖고 책을 읽으면 본인이 필요로 하는 것을 찾으려고 집중해서 읽기 때문에 받아들이는 것이 다르다. 스스로 질문을 던지고 답을 찾고 자신의 삶과 업무에 적용하기 때문에 삶이 변화되고 자기 성장이 이루어지는 것이다.

독서로 삶을 변화시키고 싶은가? 그렇다면 목적 있는 독서를 해라. 현재 내가 당면하고 있는 문제는 무엇인지, 그 일을 해결하기 위해 무엇이 필요한지, 내가 앞으로 집중해야 할 일은 무엇인지, 그 일이 내게 어떤 의미가 있는지. 질문을 계속하다 보면 핵심 문제가 보이고 그 속에서 핵심 단어를 발견할 수 있다. 그러면 그것과 관련된 도서를 찾고 도서 목록을 정한다. 책을 읽을 때도 나의 질문을 염두에 두고 그 책의 목차에서 질문과 관련된 목차부터 읽으면서 실마리를 찾아간다. 이렇게 읽으면 독서가 나의 문제와 직결되어 자연스럽게 동기부여가 되고 실행력도 높아진다.

책을 꼭 순서대로 읽지 않아도 되고 처음부터 끝까지 다 읽어야 하는 것도 아니다. 읽다가 내가 생각했던 책이 아니면 과감히 덮어도 된다. 책을 순서대로, 처음부터 끝까지 읽어야 한다는 강박에서 벗어나자.

많은 사람이 독서가 꼭 필요하다고 말한다. 그러나 시간이 없어서 읽지 못한다고 한다. 그렇다면 어렵게 시간 내서 읽었으면 무언가 도움이 되는 것이 있어야 할 것 아닌가? 그러기 위해서는 반드시 목적 있는 독서를 하자. 책을 읽기 전에 질문을 하고 그 질문을 염두에 두면서 책을 읽자.

'나는 왜 이 책을 선택했나?'

'내가 이 책에서 얻고자 하는 것은 무엇인가?'

'이 책에서 내가 가진 문제를 해결해 줄 수 있는 내용은 무엇인가?'

내 삶을 변화시키는 데 도움이 되는 내용은 무엇인가?'

자신의 필요에 따라 목적을 세우고 책을 읽는다면 자신이 원하는 독서 결과를 얻을 것이다. 그리고 그 목적이 간절하다면 반드시 시간을 내어 읽을 것이다.

아직도 독서가 잘 안 되고 있는가? 그렇다면 독서의 목적부터 다시 생각해보라.

'나는 왜 독서를 해야만 하는가?'

'나는 왜 이 책을 읽는가?'

진짜 독서는 독서 후에 있다

얼마 전 독서 모임에서 게으름에 관한 책을 다룬 적이 있다. 책장을 뒤져보니 마침 책이 있어서 보게 되었다. 책에는 여러 군데 밑줄이 그어져 있었다. 그런데 언제 읽었던 것인지 전혀 기억이 나질 않았다. '내가 읽은 게 맞나?' 싶을 정도로 어쩌면 그렇게 생소하던지….

이번에 다시 읽으면서 밑줄도 긋고, 메모도 하고, 적용할 것도 찾았다. 새롭게 밑줄 그은 곳도 있고, 예전에 그었던 곳과 겹치는 부분도 있었다. 예전에 밑줄 쳐 놓은 곳이 여러 군데 있었음에도 내가 이 책에 대한 기억이 전혀 없는 것은 아마도 '눈으로만 읽는 독서'를 했기 때문일 것이다.

내가 책을 몇 권 읽었는지 읽은 권수에 뿌듯해하던 시절이 있었다. 실제로 책을 읽고 아무런 변화가 없어도 단지 책을 읽었다는 것으로 위안을 삼았던 것 같다. 그러나 우연한 기회에 독서법에 관한 책을 읽고 독서 모임에 참여하면서부터 나의 독서 방법을 바꾸었다. '눈으로 읽기만 하는 독서'에서 '쓰고 적용하는 독서'가 되기 위해 노력한다. 책을 읽으면서 메모하고, 밑줄 긋고, 다 읽고 나서는 '본깨적' 독서법 방식대로 내가 새롭게 알게 된 것(본), 깨달은 것(깨), 적용할 것(적) 등을 독서 마스터맵에 작성한다. 밑줄 그어 놓은 인용할 문구 등은 엑셀에 정리한다. 단지 읽는 것으로 끝나는 독서가 아니라 활용을 위한 독서를 한다. 그러기 위해 나는 다음과 같은 독서 후 활동들을 병행하고 있다.

첫째, 메모하면서 읽고 인용문은 엑셀에 정리한다.

독서가 중에는 책을 읽는 도중에 절대로 메모하지 말라는 사람도 있다. 그러나 나는 책을 읽을 때 중간중간 간단한 메모를 하면서 읽는다. 다 읽고 나서 메모하려면 잘 생각이 나지 않고 그 순간 떠올랐던 생각을 놓치는 경우가 있기 때문이다. 그러나 메모하는 데 많은 시간이 걸리면 책을 읽는 흐름이 끊기기 때문에 메모는 되도록 키워드 중심으로 간단히 적고 주로 책에 밑줄을 긋는다. 나중에 따로 정리할 필요가 있는 부분은 책의 오른쪽 위 귀퉁이를 접어놓는다. 그리고 다 읽고 난 후 밑줄 그은 곳, 접어둔 곳을 훑어보면서 다시 정리한다. 주로 인용문은 엑셀에 다음과 같은 방법으로 정리한다.

엑셀은 시트가 여러 개 있고, 무한정 기록할 수 있는 장점이 있다. 나는 엑셀 시트에 '명언', '추천 도서', '용어' 이렇게 각각 이름을 붙인 3개의 시트를 활용한다. 그리고 책을 읽다가 나오는 명언이나 나중에 인용하고 싶은 좋은 문구는 '명언' 시트에, 알아야 할 용어들이 나오면 '용어' 시트에,

책에서 소개된 책, 내가 나중에 읽어보고 싶은 책이 나오면 '추천 도서' 시트에 기록한다. 명언 시트는 다시 '키워드', '명언', '출처' 이렇게 3개의 열로 나누어 기록한다. 그냥 명언만 적어 놓으면 나중에 원하는 문구를 찾기가 어렵다. 그런데 키워드를 적어 놓으면 키워드로 검색해서 쉽게 찾을 수 있고 또 같은 키워드끼리 정렬해서 그중에서 원하는 문구를 고를 수도 있다. 나중에 참고자료로 활용할 가치가 크므로 나는 엑셀에 정리하는 것을 적극적으로 추천한다.

둘째, 독서 마스터맵을 작성한다.

아무리 많은 책을 읽었어도 기록으로 정리하지 않으면 내 것으로 되지 않는다. 우리의 기억력은 한계가 있다. 시간이 지나고 나면 읽을 때 감명 깊었던 내용도 기억이 희미해진다. 책을 읽고 기록으로 남기는 방법은 독서록을 쓴다거나 블로그, SNS 등에 글을 남기거나, 서평을 쓰거나 독서 일기를 쓰는 등 사람마다 자기의 방식이 있을 것이다. 나는 씽크 와이즈란 프로그램을 이용해서 독서 마스터맵을 작성한다. 독서 마스터맵이란 책 한 권에 대해 독서 맵핑한 것을 하나로 모아 놓은 것이다. 씽크 와이즈도 엑셀처럼 무한정 뻗어나갈 수 있는 장점이 있다. 그래서 엑셀의 시트처럼 년도 별로 한 개의 큰 마스터맵을 그리고 해가 바뀔 때마다 탭을 추가한다. 마스터맵의 주 가지는 1월부터 12월까지가 된다. 그리고 월별로 읽은 책 제목이 부 가지가 된다. 1월에 5권을 읽었으면 5개의 부 가지가 되는 것이다. 그리고 각 책별로 세부가지를 그려 책별 맵핑을 완성한다. 단순히 책 제목만 넣지 않고 책 표지 이미지를 같이 넣으면 시각적으로도 좋다. 맵핑에 들어가는 내용은 책에서 본 것, 깨달은 것, 적용할 것으로 나누어 작성한다. '본 것'은 저자의 핵심이 무엇인지 파악한 내용을 주로 적는다. 주제, 키워드, 핵심 문장 등이 해당하는데 책의 쪽수와 함께 적는다. '본 것'은 나의 관점이 아닌 저자의 관점에서 보는 것이다. '깨달은 것'은 나의 관점에서 책을 보는 것인데 그 책에서 나에게 어떤 동기를 준 것, 역할을 바꾸어 나의 입장에서 생각한 것, 새롭게 알게 된 것이나 깨달음을 준 것 등을 적는다. 마지막으로 '적용할 것'은 내가 개선할 점이나 아이디어를 찾아 실천할 내용을 적는다. 책 한 권에 대해 맵핑한 것을 한 개의 파일로 따로따로 보관하면 파일의 개수가 너무 많아지고 일일이 하나씩 열어봐야 하는 불편함이 있어서 활용이 안 된다. 그러나 연도별로 한 개의 마스터맵을 작성하면 1년 동안 내가 어떤 책을 읽었는지 한눈에 볼 수 있고 작성한 내용을 보면서 그때의 기억을 떠올릴 수 있다. 또 씽크 와이즈의 장점 중의 하나는 작성한 내용을 접었다 폈다 할 수 있는 점이다. 내용이 많으면 접어놨다가 필요할 때 펴서 보면 된다.

셋째, 책을 읽은 후 반드시 한 가지를 적용한다.

독서가 나에게 의미 있는 결과가 되기 위해서는 책을 읽고 난 후 단 5분이라도 책의 내용을 되짚어보고 생각하는 시간을 가져야 한다. 더 나아가 한 가지라도 내 생활에 적용할 때 내 삶이 변화되고 성장하는 것이다. 그래서 나는 책을 읽으면 적용할 것 한 가지를 정하여 실천하려고 노력한다. 최근엔 만성적으로 일을 미루는 나의 습관을 바꿔보고자 시간 관리법에 관한 책을 읽고 실천하는 중이다.

대부분 사람은, 특히 나는 시간이 많이 있어도 마지막이 임박해 일을 몰아쳐서 한다. 그러다 보니 마감 때가 되어 밤을 새우게 되고, 수면 부족으로 집중력과 일의 효율이 떨어지게 된다. 또 급하게 처리하다 보니 실수를 하기도 하고, 결과물이 만족스럽지 않아도 수정할 시간이 없어 못 하는 때도 있다. 이것이 공적인 일일 땐 어쨌든 미흡하더라도 마감하게 되지만 개인적으로 정한 마감일 경우는 '할 수 없지, 다음에 하지.' 이런 식으로 자꾸 미루게 된다. 그래서 해야 할 일의 마감일과 총 걸리는 시간을 계산해서 역산으로 일의 시작점을 정하고, 총 걸리는 기간의 처음 20%에 해당하는 지점을 1차 마감일로 정하여 이때까지 집중해서 어설프게라도 1차 완료를 해 놓는다. 그리고 나머지 동안 천천히 검토하고 수정하여 최종 마무리를 하고 있다. 이렇게 하니 습관적으로 시작을 미루고, 잘하겠다는 마음에 생각만 하다 실행을 못 하여 결국 임박해서 하는 습관을 고치게 되었다. 처음부터 꼼꼼히 잘하겠다는 생각보다 어설프게라도 완성해놓고 수정하는 것이 훨씬 더 효율적이다.

영국의 정치 철학자 E.버크는 사색 없는 독서는 소화되지 않는 음식을 먹는 것과 같다고 말했다. 우리가 책을 읽기만 하고 내 것으로 만드는 과정이 없다면 마치 소화되지 않은 음식처럼 나를 성장시키는 자양분이 되지 못한다. 책을 읽고 사색을 통해서 내 생각을 정리하고, 실행을 통해 책의 내용을 온전히 나의 것으로 소화할 때 비로소 나를 성장시키는 자양분이 될 것이다. 책을 읽고 소화하는 과정, 그것이 바로 독서 후 활동이며 독서는 독서 후 과정으로 완성된다는 것을 잊지 말자.

하루 10분 독서로 시작해보자

나는 정리·정돈하는 재주가 없다. 맘먹고 며칠을 공들여 잘 정리해놔도 어느새 원점으로 돌아가 있다. 그래서 내 마음 한구석엔 늘 깔끔하고 세련되게 정돈된 집에서 사는 게 꿈이자 과제로 남아 있다. 그리고 충족되지 않은 이 욕구는 또 한켠으로 '언제 날 잡아서 정리해야 하는데...'하는 부담감으로 자리 잡고 있다. 나의 잠재의식 속에 있는 '집 정리'에 대한 강박 때문인지 퇴근 후에 배울 거리를 찾던 중 '수납정리컨설턴트' 과정이 눈에 들어왔다. 나는 두 번 생각도 하지 않고 바로 신청을 했다.

수납정리컨설턴트 강사는 "하루 날 잡아서 전부 정리한다는 생각을 가지면 절대로 정리 못 해요. 오늘은 냉장고 한 칸만 정리한다 이런 마음으로 해야 돼요."라고 말씀하셨다. 내가 곰곰 생각해보니 그 말이 맞다.

나는 한번 정리할 때마다 큰맘 먹고 날을 잡아 아침부터 온종일 한다.

먼저 장, 서랍 등에 있는 물건을 전부 꺼내고 그 안을 닦기 시작한다. 깨끗이 닦은 다음, 안에 넣을 물건을 씻거나 닦아서 차곡차곡 개어 보기 좋게 넣는다. 이렇게 하다 보니 저녁 늦게까지도 정리가 끝나지 않아 꺼내놓은 물건들을 일단 한쪽으로 밀어 놓고 다음날을 기약한다. 그런데 정리할 수 있는 그다음 날은 바로 오지 않는다. 정리되지 않은 물건들이 며칠간 방치되고, 그게 보기 싫어 할 수 없이 빈 곳에 임시방편으로 막 집어넣고…. 이러기를 반복한다. 그러다 보니 내게 '정리'는 아주 큰 맘 먹고 며칠 연속해서 해야만 하는, 쉽게 엄두가 나지 않는 일이 되어버렸다.

강사의 말을 듣고 나는 한꺼번에 다 정리한다는 마음을 버렸다. 그리고 크게 욕심내지 않고 주말마다 1-2시간 범위 내에서 끝낼 수 있도록 서랍장 한 칸, 신발장, 이런 식으로 한 가지씩만 정리해 나갔다. 그리고 매일 퇴근하면 물티슈 한 장을 꺼내어 한 장으로 청소할 수 있는 만큼만 닦고 버렸다. 이렇게 하니 정리에 대한 부담이 사라지고 매일 즐겁게 할 수 있었다.

독서도 마찬가지다. 그동안 내가 독서를 꾸준히 못 한 이유는 '매일 아침 1시간씩 독서한다'는 계획을 세워 놓고 그 시간을 지키려 했기 때문이다. 처음 며칠은 의욕적으로 잘 실천했지만 늦게까지 일하게 되는 날이 많아지고, 그러다 보니 아침 기상이 늦어져 독서시간을 놓치게 된다. 점점 아침 기상이 늦어지고 독서시간을 놓치고 그러다 어느 순간 정신 차려 보니 독서는 저만큼 잊혀지고 있었다.

나는 전략을 바꿨다. 나에게 우선적으로 필요한 것은 '독서시간'이 아니라 '독서 습관'이었다. 단 1쪽을 읽더라도, 단 10분을 읽더라도, 매일 거르지 않고 읽어 습관이 되게 하는 것이다. 그래서 우선 아무리 피곤하고 바빠도 하루 10분은 꼭 독서하기로 마음먹었다. 처음 한 달간은 아침에 일어나서 10분 독서하고 출근했다. 책을 읽었다는 작은 성취감이 출근길을 기분 좋게 했다. 아침 독서가 습관으로 자리 잡으면서 점점 책 읽기가 즐거워졌다. 그리고 어느새 틈만 나면 책을 읽는 짬짬이 독서를 하면서 독서시간도 점점 늘어갔다.

　나는 이 방법을 성인이 된 딸과 예비사위에게도 적용해 보고 싶었다. 내가 독서를 하면서 독서의 필요성을 절실히 느꼈고, 내 딸을 비롯한 젊은 세대들이 인터넷에만 의존하고 책을 멀리하는 것이 안타까웠기 때문이다. 또 내가 자식들에게 어렸을 때부터 독서 습관을 길러주고 책 읽는 모범을 보여줬어야 했는데 그러지 못한 것에 대한 후회와 미안함 때문이기도 하다. 그래서 내 딸이 장차 결혼해서 가정을 꾸리게 되면 온 가족이 책을 읽는 가정문화를 만들었으면 하는 바람이 있고, 그렇게 되도록 도와주고 싶었다. 그러려면 먼저 두 사람이 독서 습관이 되어있어야 한다. 나는 두 사람에게 '하루 5분 독서'를 권했다. 일단 시작하고 습관 들이는 게 목적이었기 때문에 최대한 거부감없이 받아들이도록 5분을 제안한 것이다. 다행히 수락해서 셋을 카톡으로 묶고 준비 기간을 주었다. 각자가 관심 있는 분야를 생각해보고, 키워드로 검색해서 관련 도서를 찾고 주문해서 시작하기까지 3주가 걸렸다. 내가 당부한 것은 '많이'가 아니라 '매일'이었다. 5분을 하루도 거르지 않을 것과 한 권을 다 읽으면 이어서 바로 다른 책을 읽을 수 있도록 5권 정도를 미리 준비해 놓게 했다. 매일 읽고 나서 사진을 찍어 카톡에 올리고 한 달 동안 미션을 완료하면 모여서 파티를 하기로 했다. 그리고 완료했을 때 자신에게 줄 보상도 적어놓으라고 했다. 마침내 두 사람 모두 한 달을 완료했고, 기념으로 자축파티를 했다. 점심을 같이 먹으면서 한 달을 마친 소감을 물었다.

딸은 "독서가 필요하다고 생각은 했으나 실천이 어려웠다. 비록 반강제로 시작했지만 앞으로도 계속할 생각이다. 나이를 먹을수록 대화 수준의 한계, 독해, 작문 능력의 저하 등 독서 부족으로 인한 문제를 많이 느끼고 있었는데 독서를 계속해서 차츰 나아지고 싶다."라고 했다.

예비사위는 "독서를 해야겠다는 다짐만 하고 있다가 좋은 기회로 시작하게 되었다. 그동안 책을 얼마나 멀리했는지 반성을 했다. 처음엔 '딱 5분만 채우자'라는 생각을 했었는데 이제는 5분이 지나도 다음 내용이 궁금해서 더 읽게 된다."라고 말했다.

모두 긍정적인 반응이었고 지금도 계속 이어지고 있다. 딸과 예비사위는 최근 1년간 종이책을 한 권도 안 읽었다고 한다. 그런데 한 달간 5분 읽기를 실천하면서 딸은 1권 반, 예비사위는 3/4권 읽었다고 한다. 아직 독서 수준은 보잘것없지만 매일 읽고 있다는 사실만으로도 너무 기쁘고, 만족한다.

하루는 딸이 친구들과의 모임에서 돌아와 친구들에게 엄마랑 하는 독서 이야기를 했더니 모두 부러워하더란 말을 전했다. 그 말을 전하는 딸의 표정에서 내심 뿌듯해하고 자랑스러워하는 모습을 볼 수 있어서 '아, 시작하길 정말 잘했다.'라는 생각을 했다.

독서가 습관이 되지 않은 사람에게 1시간 독서는 버거울 수 있다. 그러나 10분만 독서한다고 생각하면 마음이 달라진다. 10분의 무게는 그리 크게 느껴지지 않기 때문이다. 중요한 것은 습관이다. 하루에 몇 시간 독서했냐가 아니라 매일 꾸준히 했느냐가 중요한 것이다. '시작이 반'이고, '천릿길도 한 걸음부터'라는 말이 있지 않은가? 처음부터 독서를 몇 시간씩한 사람은 없다. 그들의 처음도 시작은 작았을 것이다. 매일 10분씩 부담없이, 꾸준히 시작하다 보면 어느새 10분이 20분이 되고, 20분이 30분이 되는 날이 올 것이다. 10분이면 하루의 약 0.7%이다. 스마트 폰, 소셜 미디어에 1시간 이상을 쓰면서 나를 위해 1%도 안 되는 시간을 못 내겠는가? 변화하고 싶다면 지금 당장 하루 10분 독서로 시작해보자. 지금부터도 늦지 않았다. 큰맘 먹고 독서하려고 하지 말고 하루 10분으로 가볍게, 즐겁게 시작하자.

제3장

독서 매니아를 읽고 성장한다

박여송

독서가 나를 긍정적으로 변화시킨다

고교 1학년 때로 기억한다. 한 친구가 나에게 이런 말을 했다. "여송아, 너는 왜 항상 '예'라고만 대답하니?" 그 말을 듣는 순간 나는 당황스러웠고 짐짓 충격을 받았다. 돌이켜 생각해보면, 확고한 생각이 없었기에 그런 태도를 보였던 것 같다. 그 친구는 '나'라는 사람을 스스로 판단하지 못하고 주변의 말에 순응하는 존재로 여겼을 것이다. 그의 말은 38년이 지난 지금까지도 나의 뇌리에 남아 있다.

아돌프 아이히만은 독일의 SS 중령으로 유대인 문제에 대한 '최종 해결', 즉 유대인 박해의 실무 책임자였다. 제2차 세계대전이 끝나자 그는 전범으로 처리될 운명이었다. 그는 도피하여 잡히기까지 숨어 지냈다. 이스라엘의 중앙정보부는 그의 행방을 집요하게 추적했다. 결국, 그의 은신처를 찾아내 본국에서 열린 전범재판소로 그를 인도하였다. 그는 자신의 행위에 대하여 아무런 양심의 가책을 느끼지 않았다고 진술했다. 그는 자신의 삶을 반성해 보는 철학적 사고를 하지 않았다. 그는 정해진 매뉴얼에 따라 아주 충실히 자신의 주어진 역할을 수행했다. 그가 만약 인문학 책을 부지런히 읽었다면 사고의 유연성이 있지 않았을까? 나 역시 그 당시 책을 본격적으로 읽지 않고 있어서였는지 특별한 생각도 사고의 유연성도 없었다. 하지만 독서를 함으로써 그저 따르기만 하는 것이 아니라 스스로 상황을 보고 판단하는 생각하는 힘이 길러졌다.

바로 어제 있었던 일이다. 퇴근하는 길이었다. 큰길에서 주차공간으로 접어들었다. 그런데 느낌이 이상해 백미러를 보니 한 SUV 차량이 내 차를 바짝 따라오는 것이다. 그래서 출입구 쪽보다는 좀 더 안쪽에 세우려고 했다. 그러고는 건물 맞은편에 후면 주차를 하려 했다. 그런데 뒤차가 바짝 따라왔다. 그래서 나는 건물 앞에 전면으로 주차했다. '후진했다가 반듯하게 주차해야지.' 라고 생각했다. 그런데 내 뒤의 그 차는 내 차에 바짝 비스듬히 대놓고는 후진을 하지 않는 것이었다. 나는 창문을 열고 '왜 주차하지 않으세요?'라고 물었다. 그런데 계속 내 뒤에 바짝 붙어서 세워 놓은 것이다. 나는 포기하고 다른 곳에 대려고 차를 앞으로 더 보냈다가 그 차를 피해 후진해서 빠져나가려고 했다. 그런데 웬걸 내 차를 앞으로 이동시킨 순간 뒤차가 더 바짝 내 차에 가까이 대는 것이 아닌가? 나는 순간 당황했다. '이상하다.' 솔직히 겁이 났지만, 의사를 분명히 전달하기로 했다. 차에서 내려 그 차로 다가갔다. 운전자는 콧수염이 덥수룩했고, 담배를 꼬나물고 나와 시선도 마주치지 않고 있었다. 그에게 "차 좀 빼주세요. 차를 다시 대야 해서요."라고 말했다. 내가 말하는 동안 그는 나를 응시하지 않았다. 이윽고 "국과수…"로 시작하는 잘 알아들을 수 없는 말을 했다. 마지막에는 "…요." 자로 끝났다." 이상하고 불쾌한 기분이 들었다. '이 사람이 불특정 다수를 상대로 자신의 불만을 표출하는 사람이 혹시 아닐까? 이 사람하고 엮이면 안 되겠구나. 위험하겠구나. 빨리 자리를 피하는 것이 좋겠다.' 라고 생각했다. 차에서 짐을 꺼내고 차 문을 잠갔다. 집으로 들어갔다. 아내에게 자초지종을 말했다. 그 차가 아직도 내차 뒤에 움직이지 않고 있는지 궁금했다. 가볼까도 생각했지만 그를 보면 이성을 잃고 흥분하게 되어 싸우게 될지도 모른다고 생각하게 되자 두려웠다. 내 차를 어떻게 하면 안 되는데 하는 불안감도 있었지만 차의 안전보다는 사람의 안전이 중요하다고 판단했다. 아내가 산책하며 지나가는 사람처럼 그쪽으로 가서 아직도 그 사람이 있는지 알아보겠다고 했다. 나는 불안했지만, 차를 왜 여기에 세웠느냐고 절대 물어보지 말고 쓱 지나가며 확인만 하라고 했다. 아내가 잠시 후 전화를 했다. 아직도 그 사람이 내 차 뒤에 시동을 켜 놓은 채로 그대로 있더라는 것이다. 나는 그의 차 번호만 잘 기억해서 오라고 했다. 내심 차가 불안하기는 했지만, '그가 언젠가는 내가 나올 것을 알고 기다리고 있는 것이리라.' 판단했다. 나는 내일 아침까지 가보지 않기로 했다. 그 사람의 얼굴 모습과 말하는 것이 떠올라 심장이 이상하게 뛰는 느낌까지 들었다. 마음을 최대한 가라앉히려 노력했다. 다음날 출근하러 차에 갔을 때, 만약 그자가 있으면 어떻게 할까? 시뮬레이션해보았다. 충돌을 방지하기 위해 그냥 차를 놓고 대중교통수단을 이용하여 출근할까? 아니면 경찰에 신고할까? 경찰에 신고하면 이자가 앙심을 품고 보복을 하지 않을까 하는 우려도 있었다. '이러면 좋을까?, 저러면 좋을까?' 하면서 긴장하며 주차장으로 갔다. 그는 없었다. 차도 멀쩡해 보였다. 참으로 다행이었다. 결과론이기는 하지만 그의 행위에

예민하게 대응하지 않은 것이 잘한 일이라고 생각되었다. 차의 안전을 생각하는 등 사소한 일에 집착했더라면 정말 중요한 일신상의 안전에 해가 되는 상황도 발생할 수 있었으리라 생각된다.

이런 판단은 평상시 독서의 영향이라 여긴다. 2주에 한 번씩 독서 모임에 참석하고 독서 모임에서 선정된 다양한 책들을 읽기 시작하면서 나는 생각하는 사람이 되어갔다. 그리고 어떤 상황에서든 나 스스로 생각해서 판단하는 능력이 좋아졌고 본다. 이 모든 것이 독서를 함으로써 변화된 나의 모습이다. 본격적인 독서를 통해서 사고력은 물론 상황 판단 능력도 좋아졌다고 생각한다.

책을 읽음으로써 다른 변화도 생겼다. 정리하는 능력이다. 나는 나의 업무환경을 깔끔하게 관리하지 못하는 편이었다. 정리 정돈을 잘해야 한다는 것을 상식적으로 알고는 있다. 하지만 나는 정리 정돈을 못 한다. 계속해서 불필요한 것들을 쌓아놓기만 한다. 정리란 쓸모가 없는데도 불구하고 자리를 차지하고 있는 것들을 과감하게 버리는 것이다. 독서 토론클럽에서 주관하는 특강(정리 정돈을 주제로 한)을 듣고 정리 정돈이라는 말의 정확한 뜻을 알게 되었다. 기준을 정해 자신이 가지고 있는 물건 중 1년 또는 2년 안에 한 번도 사용해보지 않은 것은 과감하게 버리라는 것이다. 비싼 거라, 추억을 간직한 것이라 가지고만 있지 말라는 것이다. 사실 1년 또는 2년 동안 한 번도 사용하지 않은 것은 앞으로도 사용할 가능성이 거의 없다고 보아도 틀림없다. 불합리하게 자리를 차지하고 있다. 그것이 필요하면, 그때 구매하면 된다. 정리를 통해 얻은 넓은 공간에 쓸모 있는 물건들을 종류별로 잘 분류하여 놓는 것이 정돈이다. 정리 및 정돈이 이루어지고 난 이후, 물건을 사용했으면 반드시 제자리에 가져다 놓아야 한다. 그래야 여기저기 뒤지지 않고 필요할 때, 찾아 쓸 수 있다. 얼마 전 미루어 왔던 직장 내의 사물함 공간을 정리했다. 아깝다는 생각을 떨쳐버리며 과감하게 버릴 걸 버렸다. 정돈할 공간이 보였다. 마음 한곳이 깨끗해지는 기분이다.

　이렇게 책을 열심히 읽고 나서 나는 변화되었다. 나 자신이 인지하지 못한 사이에 사고력을 통해 위기에 대처하는 능력이 놀라울 정도로 향상되었다. 또한, 어수선하게 정리 정돈을 잘 하지 않아 늘 아내에게 지적을 받아오던 나였다. 하지만 꾸준한 독서 그리고 독서와 연계된 활동을 통해 터득한 노하우를 실생활에 적용했다. 그러자 주변이 깨끗해지는 좋은 경험을 하게 되었다. 좋은 습관을 들이는 것을 다른 것에 비유하자면 창문을 열고 깨끗한 공기를 방안에 주입하는 것과 같다. 깨끗한 공기가 들어가면서 나쁜 공기는 자연스럽게 밀려난다. 공기가 들어갈 수 있는 공간은 한정되어 있기 때문이다. 좋은 친구를 사귀라는 말도 있다. 근묵자흑(近墨者黑)이라고 했다. 좋은 친구들을 벗하면 자연스럽게 그 친구로부터 선한 영향력을 받을 수 있다. 또한, 어울릴 수 있는 시간은 한계가 있기에 자연스럽게 나쁜 친구들과는 멀어지게 된다. '좋은 책은 가장 좋은 친구이다.'라는 말이 있듯이 좋은 책을 통해 알게 모르게 선한 영향을 받아 저자의 좋은 습관을 따라 하게 된다. 또한, 책을 읽을 수 있는 시간도 한계가 있기에 자연스럽게 나쁜 책을 멀리하게 된다. 나는 오늘도 독서를 통해 정신의 방에 신선한 공기를 주입 중이다. 나쁜 공기를 밀어내고 생각하는 사람, 정리하는 사람, 삶의 긍정적인 변화를 이루어 가는 사람으로 스스로 만족스러운 삶을 살아가고 있다.

나의 독서 Before & After

전에 근무하던 학교에서 있었던 일이다. 당시 학교장은 교사들에게 여름방학 과제를 내주었다. 과제명은 이런 것이었다.

'내가 만약 학교장이라면 어떻게 학교를 경영할 것인가?'

위의 주제로 에세이 한 편을 쓰라는 것이다. 나는 마침 초대 부산국제영화제 조직 위원장을 지낸 김동호 씨의 강연을 TV를 통해 듣게 되었는데, 강연 제목이 〈한 조직을 이끄는 리더로서 어떻게 하면 조직을 잘 경영할 수 있을까?〉였다. 그의 강연을 듣고 핵심적 내용을 크게 3가지로 요약해 두었고, 그것을 바탕으로 학교장이 제시한 주제에 대한 글을 써냈다. 개학 날 동 학년 부장 교사가 글을 썼으면 좀 보여 달라고 했다. 나 또한 본격적으로 독서를 하기 전에는 잘 쓴 자의 것을 참고해서 제출하곤 했었다. 그런데 책을 읽는 습관이 정착되고 한참이 지나자 신기한 경험을 하기 시작했다. 강연을 들으면, 강사가 이야기하고자 하는 핵심 내용이 첫째, 둘째 그리고 셋째 이렇게 머릿속에 정리가 잘 되었다. 그 원인을 분석해 보니, 책을 본격적으로 읽게 되면서 독해력이 향상되었다. 글을 읽으면서 핵심 내용을 파악하는 능력이 길러진 것이다. 독서 이후, 나는 그전에 없던 이런 긍정적인 변화를 하게 되었다.

책을 읽음으로써 나의 경험은 다양해졌다. 본격적으로 읽기 전, 내 경험의 거의 전부는 직접경험이었다. 하지만 책을 통해서 직접경험에 준하는 실감 나는 간접경험을 많이 하게 되었다. 나는 상상의 나래를 펴고 저 멀리 우주 공간으로 날아갔다. 그곳에서 바라보았을 푸른 구슬 같은 지구의 모습을 떠올렸다. 전투상황을 다룬 책에서는 전투상황을 간접 체험했다. 생생한 전투 묘사를 읽었을 때는 책장을 덮고 난 후에도 뇌리에서 사라지지 않았다.

책을 통해서 얻게 되는 경험은 받아들이는 독자의 해석에 따라 실로 다양하고 창의적으로 머릿속에 재구성될 수 있다. 독서만큼 인간의 지적 상상력과 창의력을 배양해 주는 효과를 줄 수 있는 매체는 드물다. 우리의 삶은 시공간적으로 한정되어 있고 우리가 직접 경험할 수 있는 것에도 한계가 있다. 하지만 이것을 보완하는 방법이 있다. 바로 책을 읽음으로써 간접 경험치를 늘리는 것이다. 작가의 상상력을 통해 쓰인 문학작품을 읽음으로써 폭넓게 간접경험을 할 수 있다. 또한, 저자의 직접경험을 기술

하거나 직접 경험자의 인터뷰 내용을 토대로 한 논픽션을 읽고 간접경험을 할 수 있다. 시공간을 초월한 다양한 경험을 할 수 있다. 비용과 시간도 적게 든다. 풍부한 간접경험은 직접경험을 하기 전 배경지식으로 우리를 무장시킨다. 평상시에 독서를 통해 쌓아놓은 지식으로 인해 직접경험을 통해 받아들일 수 있는 이해의 폭이 늘어난다.

중국 서안을 여행할 때 있었던 일이다. 마음 맞는 직장동료들과의 패키지여행이었다. 장안성을 둘러보다가 가이드가 물었다. "저기 원형으로 성문 밖을 둘러싼 시설을 무엇이라고 부르는지 아십니까?" 나는 책 어디선가 읽은 기억이 있어 "옹성, 아닙니까?"라고 대답했다. 가이드가 "맞습니다." 일행이 "와우!"하고 감탄했던 기억이 있다. 옹성은 성곽에 난 문을 보호하기 위해 성문 바깥에 설치한 이중 성곽이다. 책을 통해서 보고 듣고 느낀 것이 이렇게 나를 특별한 사람, 경험이 많은 사람으로 보이게 했다.

나는 어떤 강연가가 쓴 책을 읽음으로써 강연가의 꿈을 갖게 되었다. 단위 시간당 가장 많은 돈을 벌 수 있는 일 중 하나는 강연이다. 빌 클린턴과 같은 역대 미국 대통령이라면 1회 강연으로 수억 원을 벌 수 있다. 빌 클린턴이 가지고 있는 지적 재산이란 무엇일까? 그가 대통령으로 재직하면서 경험한 모든 것들이 그의 지적 재산일 것이다. 또한, 그가 집권하고 있는 동안 일반인들은 접근할 수 없는 파일을 열람했을 것이다. 이런 모든 직간접적인 경험들이 그의 지적 재산이다. 그렇다면 작가들은 어떨까? 작가들은 자기가 글을 쓰기 위한 자료를 모으기 위해 힘쓴다. 톨스토이는 《전쟁과 평화》를 쓰기 위해 작은 도서관을 가득 채울 정도의 나폴레옹 관련 자료를 수집했다고 한다. 이런 자료들이 그들의 지적 재산이다. 이런 자료들을 활용한 저술을 통해 엄청난 인세 수입을 거둔다. 또한, 여기저기서 강연 요청이 들어오기 마련이다. 내가 알고 있는 유명 작가들은 1회 강연에 500만 원 정도 받는 것으로 알고 있다. 한때 세계 제2위의 부자였던 워런 버핏은 신문사와의 협약을 통해 자신의 책상 위에 가장 먼저 조간신문이 배송되도록 하였다. 그는 출근 후 대부분 시간을 자료를 읽거나 책을 읽는데 할애한다. 누군가가 그에게 편지로 투자에 대한 조언을 구했다. 그는 답장을 보냈다. 거기에는 단 3개의 단어로만 이루어져 있었다. "읽어라, 읽어라, 읽어라." 독서가 자신의 투자 사업을 성공시킬 수 있는 원동력이었음을 알 수 있다. 읽고 또 읽음으로써 나는 정년퇴직 후 강연가가 되고 싶어졌다. 책을 읽음으로써 책도 쓰고 그 책으로 강연도 하고 싶다.

독서를 하기 전과 후, 나의 모습은 달라졌다. 다양하고 풍성한 간접경험으로 인해 책을 읽는 지금도 변화되고 있다. 소소한 변화에서부터 인생에 획을 긋는 큰 변화들이 토네이도처럼 내 삶에 일어나고 있다. 책을 읽는 습관으로 인하여 강의를 듣거나 책을 읽을 때 핵심을 파악하는 능력이 향상되었다. 이른바 문해력이 좋아졌다. 이 능력을 바탕으로 창의적이고 논리적인 글쓰기 능력도 좋아졌다. 꾸준한 독서 후 변화를 위해 나는 하버드 대학교보다 더 좋은 학교인 도서관의 입학생으로서 세계 최고의 저자인 교수들로부터 비대면 수업을 계속 듣고 있다. 지금은 주말을 이용하여 잠시 통학하지만, 퇴임 후에는 매일 아침 일찍 등교하여 저녁 식사 전하교할 것이다. 남들은 퇴임 후 무엇을 할지 고민을 한다고 한다. 나는 고민하지 않는다. 세계 최고의 명문 대학인 도서관 대학생이 되기로 했기 때문이다. 관심 분야에 대한 오랜 독서를 통해 부단히 연구와 노력을 기울일 것이다. 그 노력의 결실로 언젠가는 여러 권의 저서를 출간하게 될 것이다. 저서를 출간한다는 것은 전문가로 인정받는 길이다. 독서를 하기 전에는 꿈에도 생각 못 했던 작가가 되는 꿈을 가지고 노력 중이다. 이 원고도 그 노력의 한 부분이다. 또한, 더 나아가 저자로서 여기저기로부터 강연 요청을 받는 모습을 상상하게 된다. 건강만 허락한다면 작가로서 강연자로서 99세까지 88 하게 살고 싶다. 이렇게 독서 이전과 이후의 나는 완전히 달라졌다. 독서 이후에는 꿈에 그리며 상상하던 긍정적인 멋진 모습이 되어가고 있다.

나의 롤모델, 김득신

어린 시절의 나는 아둔한 편이었다. 창피해서 공개하기 싫지만, 당시 나의 별명은 〈미련 곰〉이었다. 재미로 전화를 이용하여 사주풀이를 했다. 사주풀이에서도 두뇌 발달이 느려 남들보다 아둔할 것이라고 했다. 나는 그러한 콤플렉스를 가지고 있었다. 1993년도, 내가 교직 발령을 받은 지 3년 차일 때였다. 그 당시 같은 학년에 대학 동기가 있었다. 나하고 비교가 되었다. 당시 동료 교사들은 "K 씨는 순수한데, 박여송이는 순진해."라고 평했다. 나는 그 말을 듣고 기분이 나빴다. 언젠가는 대놓고 동기가 "여송이는 머리가 나빠."라고 말하기도 했다. 나는 콤플렉스를 느꼈다. 똑똑한 사람들을 보면 열등감에 사로잡혔다. 하지만 이것을 극복할 수 있다는 희망을 품게 된 계기가 있었다. 조선 시대의 독서광 백곡 김득신을 알게 되면서이다. 그는 어렸을 때 아둔해도 너무 아둔했다. 그런데도 각고

의 노력을 멈추지 않고 조선을 대표하는 대시인이 되었다. 또한, 59세의
나이에 대과에 급제하여 관직을 얻었다. 최소한 백곡보다는 내가 머리가
좋겠다고 생각하니 위안이 되었다. 백곡이 기울인 노력의 반만큼만 한다
면 나에게도 희망이 있겠다고 생각했다.

    백곡은 부제학을 지낸 〈김치〉의 아들로 태어났다. 〈김치〉의 아버지, 그
러니까 백곡의 할아버지는 진주대첩의 영웅 김시민 장군이다. 백곡은 어
렸을 때 천연두를 앓고 난 이후 머리가 아둔해졌다. 책을 읽고 나면 금방
잊어버렸다. 거의 바보 수준이었다. 나중에는 포기하라는 말을 지속해서
들었다. 하지만 그는 포기하지 않고 책 읽기를 계속했다. 특히 같은 책을
반복해서 읽었다. 사마천의 『사기』 「백이전」은 11만 번 이상을 읽었
고 그 외의 책들도 1만 번이 넘지 않으면 책 읽기를 멈추지 않았다. 유명
한 일화가 있다. 하루는 백곡이 하인과 함께 길을 걷고 있었다. 길가 어느
인가에선가 글을 읽는 소리가 들려왔다. 백곡은 하인에게 말했다. "참, 좋
은 문장이구나. 너 가서 저 글이 무슨 글인지 알아보고 오너라." 그러자
하인은 "정말 모르시겠습니까요? 소인도 알겠습니다. 이 글은 주인님께
서 늘 수도 없이 반복해서 읽으셨던 것 아닙니까?"라고 말했다. 그랬다.
그 글은 바로 사마천 『사기』 「백이전」 이었다. 그는 그 정도로 아둔
했다. 또 이런 일도 있다. 친한 친구들끼리 모여 시 짓기를 하였는데, 백곡
도 시를 한 수 지어 자랑스럽게 발표했다. 그러자 그 시를 들은 친구들의
반응은 "아니 이것은 〈이 백〉이 지은 시 아닌가?" 하는 것이다. 백곡은 자
신이 전에 무수히 읽어 기억하고 있던 시를 자신이 창작한 것으로 착각

했다. 그는 걸어가면서도 읽었다. 밤낮을 가리지 않고 부지런히 반복해서 읽었다.

나는 백곡을 롤 모델로 삼았다. 백곡처럼 포기하지 않고 꾸준히 좋은 책을 반복해서 읽는다면 늦은 나이에라도 인재가 될 수 있다는 희망을 품게 되었다. 그 이후 좋은 책들을 반복해서 읽으려고 노력한다. 눈으로만 읽어 이해되지 않을 때는 필사해본다. 필사하다 손가락이 아프면 낭독한다. 백곡이 11만 3천 번을 읽었다는 사마천 『사기』「백이전」처럼 내가 평생을 반복해서 가장 많이 읽고 싶은 책은 쇼펜하우어의 주저인 《의지와 표상으로서의 세계》이다. 이 책을 처음 읽었을 때, 너무 어려워 99.9% 이해가 되지 않았지만, 왠지 모르는 매력이 느껴지는 글이다. 이 책을 이해하기 위해서는 칸트의 철학을 전제해야 해서 칸트의 주저인 《순수이성비판》을 먼저 읽었다. 이 책은 더 어렵게 느껴졌다. 《순수이성비판》부터 반복해서 읽고 그 내용을 이해하려고 노력했다. 하지만 아무리 반복해서 읽어도 그 뜻이 이해되지 않았다. 그럴 때마다 백곡은 적어도 1만 번 이상을 반복해서 읽었는데, 10번도 읽지 않고 도저히 이해할 수 없어 하고 실망할 수는 없었다. 나는 앞으로도 백곡만큼은 아니라도 그의 1/100만큼인 최소 100번 이상은 읽을 것을 다짐하였다. 특히 《순수이성비판》과 《의지와 표상으로서의 세계》를 원전인 독일어판으로 읽는 것을 목표로 하고 있다. 당연히 독일어를 공부할 작정이다.

아메리카 인디언 속담에 이런 말이 있다. '누구든지 자신의 소원을 만 번 입으로 말해서 뱉으면 그 소원은 반드시 이루어진다.' 재작년인 2019

년도 2월에 내 아내는 유방암에 걸려 수술을 하고 항암치료를 받게 되었다. 죽음의 공포가 짙게 드리웠다. 나는 두려웠다. 물에 빠진 사람 지푸라기라도 잡는다는 심정으로 이 속담을 믿기로 했다. 나는 소원을 말로 하는 대신 글로 쓰기로 했다. 말로 하는 것이나 글로 하는 것이나 둘 다 밖으로 표현하는 것은 마찬가지라고 생각했다. 나의 소원이 이미 미래 완료형으로 이루어졌다고 생각하고 〈내 아내 L.O.H. 는 건강하다.〉라고 만 번 쓰는 것을 목표로 했다. 다 쓴 뒤에 아내에게 선물하면 큰 위안이 될 거로 생각했다. 매일 일정한 양만큼 쓸까도 생각해보았지만, 성격상 그렇게는 못 했다. 어떤 날은 많이 쓰고 어떤 날은 하나도 안 썼다. 아내는, 내가 쓰겠다고 예고를 했기에 얼마나 썼는지 지나가는 세월 속에서 물어보기도 했다. 빨리 써서 선물하겠다고 마음먹었다. 만 번을 다 쓰는데 1년 조금 더 걸렸다. 완성되자 딸에게 부탁하여 표지를 꾸몄다. 선물을 받은 아내는 기뻐했고, 아내 역시, 모든 어려움을 딛고 치료를 성실하게 잘 받아 꼭 회복하겠다는 다짐을 만 번 쓰겠다고 말했다. 아내는 공책을 준비하고 하루에 10번씩의 다짐을 현재까지 쓰고 있다. 한 3년을 쓰면 만 번을 채울 것 같다고 한다. 현재 3,000번가량 썼는데, 약 1년에 걸쳐 쓴 것이다.

나의 소원을 쓰는 과정의 초반부는 단지 희망 사항의 나열에 지나지 않았다. 그러다 중반부가 지나면서 마음 깊숙한 한구석에 무언가가 차곡차곡 아주 천천히 쌓이기 시작했다. 마침내 종반부에 들어섰을 때, 그 무엇인가가 마침내 형체를 갖추어 〈확신〉이라는 모습으로 드러났다. 처음에는 의식 차원에서 받아들이면서 과연 이 소원이 이루어질까 하는 의심도

하게 된다. 하지만 중반부를 넘어서면서부터는 무의식 차원으로 넘어가 차곡차곡 쌓이기 시작한다. 마지막 종반부에 도달하면서부터는 의심이 확신으로 바뀐다.

반복해서 같은 책을 읽는 것은 마치 오랜 시간에 걸쳐 지붕에 차곡차곡 쌓이는 눈 내림 현상과 같다. 눈 결정은 현미경을 통해서만 볼 수 있을 정도로 작고 가볍다. 하지만 이것이 부실한 건물 지붕에 쌓이고 쌓이면 감당 못 하는 임계점의 무게에 도달한다. 그 결과, 지붕을 와르르 붕괴시킨다. 백곡이 했던 반복 독서의 과정은 밑 빠진 독에 물을 붓는 것과 같다. 다른 자들이 물을 붓는 독의 물은 찰랑찰랑 쌓였다. 하지만 백곡의 항아리는 물을 부어도 부어도 채워지지 않았다. 백곡은 지치지 않고 밤낮으로 항아리에 물을 부었다. 어느 순간 물이 빠지는 것보다 많은 양의 물이 채워지게 되었다. 아주 조금씩이기는 하지만 물이 조금씩 채워지기 시작했던 것으로 보인다. 결국은 흘러넘치게 된 것이리라.

백곡은 나에게 '머리가 나빠도 괜찮아. 나를 봐. 나 같은 사람도 결국 꾸준한 반복 독서 끝에 대시인이 되고 늦은 나이이긴 하지만 59세에 대과에 급제하여 벼슬을 할 수 있었잖아. 너는 나 정도는 아니잖아? 나는 거의 바보 수준이었어. 실망하지 말고 꾸준히 노력해 봐.'라고 격려했다. 나는 백곡의 묘비명을 인쇄하여 내가 근무하는 공간에 있는 나의 책상 앞에 붙여 놓았다. '배우는 자들이여! 재주가 남만 못하다고 스스로 한계를 긋지 말라. 나보다 어리석고 둔한 사람도 없겠지만 마침내는 성취함이 있었다.

이 모든 것은 오직 힘쓰는 데 달려있을 뿐이다. 중용 제20장에도 비슷한 글귀가 있다. '남들이 한 번에 할 수 있다면 나는 백 번을 하고, 남들이 열 번에 할 수 있다면 나는 천 번을 한다. 수적천석(水積穿石)이라 낙숫물이 댓돌을 뚫는다.' 라는 속담도 있다. '마부작침(磨斧作針)이라고 도끼를 갈아 바늘을 만든다.' 라는 중국의 대시인 〈이 백〉에 얽힌 고사도 있다. 이 백이 10년 공부를 채우지 못하고 하산할 때 만난 한 노파가 도끼를 10년 동안 갈아 바늘을 만드는 것을 보고 다시 올라가 공부를 마저 채우고 내려왔다는 내용이다. 우공이산(愚公移山)이라는 고사도 있다. 그리고 내가 가장 좋아하여 좌우명으로 삼고 있는 사자성어가 있다. 바로 우보천리(牛步千里)이다. 소걸음으로 천 리를 간다는 것이다. 스포츠카는 엄청 빠른 속도로 갈 수는 있지만, 자갈길이나 비포장 길은 가기 힘들다. 하지만 경운기는 비록 느리기는 하지만 자갈길·비포장길 가리지 않고 거침없이 지날 수 있다. 속도가 느리기는 하지만 언젠가 목적지에 도달할 수 있는 것이다. 나의 롤 모델 김득신처럼….

오늘의 나를 있게 한 위대한 책들

오늘날까지 내가 늘 가까이에 두고 반복해서 읽는 책들을 나열해보겠다. 《몽테뉴 수상록》, 《쇼펜하우어 인생론》, 《교육 명언집》 등이다.

나는 28세가 되기까지 책을 가까이하지 않았다. 직장동료의 소개로 한 여성을 만나게 되면서 달라졌다. 그는 매우 지적인 사람이었다. 이야기를 나누다 보니 내가 상대적으로 지적 수준이 부족하다고 여겨졌다. 다음에 또 만나자고 약속을 하였다. 그리고 계속 만남을 유지해 나가기 위해 나의 지적 수준을 그에게 맞출 필요성을 느꼈다. 내가 생각해낸 가장 좋은 방법의 하나는 정평 있는 교양서적을 많이 읽는 것이다. 서점을 찾았다. 단행본으로 나온 신서판 교양서적들이 있었다. 한 권 한 권 읽어 나가며 책을 통해서 얻을 수 있는 것이 많았다. 자연스럽게 반복하여 즐겨 읽게 되는 책들이 생겼다. 《몽테뉴 수상록》이 대표적이다.

이 책은 인간이 흥미를 느낄 수 있을 만한 그리고 관심을 가질만한 주제의 에세이를 모아놓은 책이다. 이 세상에는 참으로 다양한 민족들이 살고 있으며, 상식으로 받아들이고 있는 관습들이 정반대인 세계가 있다는 사실을 깨달았다. 또한, 이 책의 〈어린이의 교육〉 편을 통해 바람직한 교직관을 형성했다. 몽테뉴는 "어린이의 양육과 교육은 인간의 모든 학문 중에서 가장 중요하고 어려운 것이다."라고 말했다. 나는 이 말에 깊이 공감했다. 그 이후 나는 주어진 교사로서의 직무를 커다란 자부심과 무거운 책임감을 느끼고 수행하게 되었다.

《쇼펜하우어 인생론》은 탁월하고 독특한 사상을 가진 글들을 모아놓은 책이다. 나는 교육대학원 윤리 교육과 입학시험을 볼 때 이 책의 내용을 인용하였다. 덕분에 우수한 성적으로 합격할 수 있었다. 또한, 저자의 다른 서적들에 관해서도 관심을 두게 되었다. 쇼펜하우어의 주저가 《의지와 표상으로서의 세계》라는 것을 알게 되었고, 탁월하고 매력적인 글 내용에 매료되었다. 하지만 이 책을 제대로 읽고 이해하기 위해서는 칸트의 철학을 전제해야 했다. 그래서 칸트의 주저인 《순수이성비판》을 읽게 되었다. 그런데 이 책은 너무나 어려웠다. 도저히 혼자 읽고 이해할 수 없었다. 평소 철학을 좋아하는 독서토론회 동료들에게 칸트를 공부하는 모임을 만들자고 제안했다. 우리는 칸트의 《순수이성비판》을 읽기 전에 해설서로 공부하기로 하였다. 평소 즐겨 시청하던 철학 유튜브 채널에서 알게 된 한자경 교수의 《칸트철학에의 초대》와 김상환 교수의 《왜 칸트인가》를 읽고 토론하였다. 두 권의 해설서를 다 읽어갈 무렵, 공부 멤버 중 한 명의 제안으로 전문가 특강을 계획하게 되었다. 김

필영 박사를 먼저 섭외했다. 《5분 뚝딱 철학》이라는 철학 유튜브 채널을 운영하며 동명의 저서도 출간했다. 그는 여러 가지 시청각 자료를 활용하여 유머러스하게 대중적 언어로 이해하기 쉽게 강의한다. 그는 칸트철학을 공부하기 전에 칸트철학의 사상적 원류인 경험론과 합리론을 먼저 이해하고 넘어가는 것이 좋겠다고 조언했다. 그리고 칸트 이후의 관념론(피히테, 셸링, 헤겔)과 현대철학의 맹아인 니체까지 다루어보자고 했다.

무리하여 쉼 없이 책 읽기에 몰두했던 탓에 눈 깜빡임이 줄어들었다. 결국, 안구건조증에 걸리게 되었다. 눈이 따갑고 시력이 저하되었다. 하지만 이 문제 역시 독서를 통하여 해결하였다. 안과 의사가 저술한 눈 건강에 관한 책을 읽게 되었다. 그 책에서는 50분 이상은 계속해서 책, 텔레비전 또는 핸드폰을 보지 말라는 것이다. 눈 깜빡임이 줄어든다는 것이다. 50분 독서 후에는 반드시 10분간은 눈을 감고 휴식을 취하라는 것이다. 그 이후 타이머를 맞추고 50분 동안 책을 읽고 난 이후에는 10분간 또 시간을 맞추고 눈을 감고 누워있으면서 음악을 감상하거나 유튜브 강의를 듣는다. 책으로 인해 생긴 문제를 책을 통해서 해결한 사례이다. 비슷한 사례를 다른 책에서 읽은 기억이 난다. 어떤 사람이 불면증에 걸려 고생을 했다. 그는 문제를 해결하기 위해 불면증 극복에 관한 책을 읽게 되었다. 그리하여 불면증의 발생 원인을 알게 되었다. 근본 원인을 알고 문제에 접근하자 현명한 해결책을 찾았다.

현대를 사는 우리는 과거에 제왕이나 누릴 수 있는 문화적 혜택, 정보 그리고 지식을 얼마든지 마음만 먹으면 얻을 수 있다. 예를 들면, 유튜브 채널을 통해 알고 싶은 정보나 지식이 있으면 검색을 통해 거의 무료로

양질의 콘텐츠를 누릴 수 있다. 나는 요새 유튜브 프리미엄 회원으로 가입하여 매월 8천 원 정도를 회비로 내고 있다. 광고로 인한 끊김 없이 많은 훌륭한 강의를 마음대로 즐길 수 있다. 또한, 주위에 널린 것이 학원이고 교습소이다. 책을 사서 읽는 것은 가장 싼 값으로 저자의 정수를 살 수 있는 좋은 방법이다. 조금만 경제적·시간적 여유가 있다면 이러한 혜택을 마음껏 누릴 수 있다.

《도산 안창호 평전》을 통해 인생의 스승으로 삼을 수 있는 롤 모델을 발견했다. 도산 안창호 선생처럼 〈덕·체·지〉가 완성된 인격자가 되기 위해 노력하는 계기가 되었다. 학교 교육에서는 〈지·덕·체〉라고 하여 지력을 가장 강조하는데 지력을 너무 강조하여 덕력이 소홀해졌을 때 벌어질 폐해를 짐작하게 되었다. 덕력이 결여된 높은 지력은 이 세상을 파멸로 이끌 수도 있다. 하지만 지력이 결여된 높은 덕력은 혜택을 줄지언정 최소한 피해는 주지 않을 것이기 때문이다. 또 한 사람의 영향력이 얼마나 클 수 있느냐를 느낄 수 있었다. 안창호 선생님은 대성학교를 설립하였다. 그러나 학교장 자리는 마땅한 다른 사람에게 맡겼다. 자신은 학교의 허드렛일을 담당하는 사람으로 있으면서 전체 학생들이 모여있을 때 가끔 중국인 흉내를 내며 학생들을 웃게 했다. 학생들이 한 학기를 끝내고 방학이 되어 집에 내려가 있으면, 동네 주민들이 이구동성으로 말들을 한다. "아이들에게서 대선비의 풍도가 느껴진다." 이것은 도산에 의해 교직원들과 학생들이 모두 도산화됐기 때문이리라. 한 사람의 영향력은 이토록 막강한 것이다.

《위대하다》의 사전적 의미는 〈도량이나 능력, 업적 따위가 뛰어나고 훌륭하다〉이다. 《위대한 책》의 뜻을 내 나름대로 정의하자면, 〈독자의 도량이나 능력, 업적 따위를 뛰어나고 훌륭하게 만들어 주는 책〉이라고 하겠다. 《몽테뉴 수상록》을 통해 내가 마주칠 수 있는 모든 상황을 관대하게 받아들일 수 있는 포용력이 길러졌다. 또한, 올바른 교직관을 정립하고 보다 열정적으로 직무를 수행하게 되었다. 그 결과, 직무수행 능력이 점진적으로 향상되고 있다고 느낀다. 《쇼펜하우어 인생론》을 통해 저자의 독특하고 통찰력 있는 글을 접하게 되었고 그가 펴낸 다른 서적에 관해서까지 관심의 범위가 넓어졌다. 칸트의 사상을 공부하게 되었고, 아예 서양철학을 전공하려고 마음먹었다. 철학 공부를 통한 사고력 향상은 현재의 업무능력을 키워주는 데도 분명 도움이 될 것이다. 필자는 분명 느낄 수 있다. 그동안 이런 책들을 읽음으로써 나의 진행 능력이 많이 향상되었다. 내가 친목회장으로서 사회를 보거나, 독서토론 모임을 진행할 때 사회를 잘 본다는 소리를 듣는다. 분명 책을 본격적으로 읽기 전에는 이 능력이 부족했다. 《도산 안창호 평전》을 통해 도산의 고매한 인격을 닮기 위한 노력을 기울여왔다. 노력한 만큼 조금씩 도산을 닮아가고 있다고 생각한다. 지금은 위대하지 않지만 위대함으로 나아가는 과정 중에 있음을 확신하며 한 걸음 한 걸음 '소걸음으로 천 리를 간다.'라는 속담처럼 나아갈 것이다. 2015년 100세 시대를 맞이하여 유엔에서는 생애주기를 다시 정했는데 18세에서 65세까지는 청년이라고 했다. 나는 청년이다. 청년의 도전정신으로 목표를 향해 전진할 것이다.

위인들의 공통점은 독서였다

에이브러햄 링컨, 토머스 에디슨, 나폴레옹, 김대중, 모택동, 맥아더, 샤를 드골, 해리 트루먼, 알버트 아인슈타인 그리고 윈스턴 처칠 이들의 공통점은 무엇일까? 우선 이들은 모두 역사상 위대한 업적을 남긴 인물들이다. 한마디로 〈위인〉이다. 이들 말고도 위인을 들라면 많은 예를 들 수 있다. 하지만 예외적인 몇 사람 빼고는 거의 모든 역사상 위인들에게는 한 가지 공통점이 있다. 그것은 바로 그들 모두가 엄청난 독서가들이라는 것이다.

에이브러햄 링컨은 가정 형편상 제도권의 학교를 졸업하지 못했다. 그는 오로지 스스로 찾아서 하는 독학을 통해 자신의 운명을 개척했다. 그의 독서에 얽힌 일화는 매우 유명한 것이 몇 가지 있다. 그는 어렸을 때 독서를 무척 좋아했다. 그러나 가정 형편상 책을 구입할 수 없었다. 그래서 그는 동네에서 책을 많이 소장하고 있는 사람에게 찾아가 보고 싶은 책을 빌렸다. 그는 그 책을 열심히 읽었다. 반납하고자 약속했던 날까지 읽어야 했기에 더더욱 열심히 읽었을 것이다. 그러던 차 그가 깜빡 엎드려서 졸았을 때 일어난 일이다. 그의 집은 통나무로 만든 집이라 비가 오면 비가 새는 곳이 많았다. 마침 그가 엎드려 자는 책상 옆에 놓인 그가 빌린 책에 빗물이 떨어졌다. 책이 젖어버린 것이다. 책이 엉망이 된 것이다. 그는 그 책을 주인에게 돌려주면서 책값을 돈으로 갚을 수는 없으니 책값 대신 책 주인의 일을 대신하여 갚겠다고 말했다. 책 주인은 동의하고 그에게 여러 가지 일을 시켰다. 링컨은 성실하게 주어진 일을 했다. 일이 다 끝나자 책 주인은 링컨의 성실성에 감동하여 젖은 책을 링컨에게 선물로 주었다고 한다. 또한, 링컨은 유모차에 아이를 태우고 끌고 가면서 책을 읽었다고 한다. 그런데 너무나 책에 열중한 나머지 아이가 유모차에 떨어진 것도 모르고 유모차를 끌고 갔던 일도 있다고 한다. 상점 하나를 동업자 한 사람과 인수하여 운영해 나갔을 때 있었던 일이다. 그는 상점 일하는 틈틈이 책을 읽었다. 하지만 책 읽기에 너무나 몰입하는 나머지 상점의 운영에 차질이 생기는 지경까지 이르렀다고 한다. 그는 최후의 순간에도 셰익스피어의 희곡 한 구절을 암송하였다고 전해진다.

토머스 에디슨은 어렸을 때 학습장애를 겪었다. 학교 선생님은 에디슨을 포기했다. 심지어는 에디슨의 아버지도 포기했다. 하지만 그의 어머니는 달랐다. 포기하지 않았다. 그에게 색다른 프로그램을 적용했다. 바로 적절한 책 읽기를 통한 학습을 시키는 것이다. 에디슨이 관심을 두는 과학 분야에 관한 책을 중심으로 커리큘럼을 짰다. 에디슨은 독서에 흥미를 느끼고 독서 습관이 정착되었다. 그의 관심 분야는 폭넓게 확대되었다. 그가 살던 도시인 디트로이트의 시립도서관의 책을 모두 읽어버리겠다는 각오를 다졌다. 그는 한 서가를 택하면 그 서가의 맨 위에서부터 왼쪽에서부터 쭉 다 읽고는 지그재그로 그 아래쪽 오른쪽부터 쭉 다 읽는 식으로 도서관의 책을 통째로 읽어버렸다. 그의 관심 분야는 실로 다양하여 셰익스피어의 희곡에서부터 마케팅에 관한 책까지 장르와 영역의 제한이 없었다. 그는 〈제너럴 일렉트릭〉의 창업자이다. 그의 연구실에는 어마어마한 장서를 자랑하는 개인 도서관이 있었다. 업무에 관련된 책을 읽을 때나 관심 있는 분야의 책들을 읽는 데 활용했다. 그가 그렇게나 많은 다수의 발명을 하고 사업화에 성공하여 많은 수익을 올릴 수 있었던 것은 마케팅에 관한 책까지도 읽었기 때문이다. 아인슈타인이 연구 틈틈이 바이올린을 연주하며 머리를 식히면서 연구에 전념하기 위한 기분전환을 했듯이 에디슨은 셰익스피어의 희곡 등 문학 고전을 읽으며 머리를 식혔다. 창의적인 아이디어는 그런 가운데서 더 잘 나올 수 있다.

나폴레옹 역시 엄청난 독서광이었다. 전쟁터에도 읽을 책들을 항상 준비하고 다녔다. 그의 독서 습관 중 하나는 말 위에서 책을 다 읽고는 휙 하고 뒤로 버리는 것이다. 그가 많은 업적을 남길 수 있는 배경에는 그의 엄청난 독서량이 있었다.

김대중 전 대통령도 엄청난 독서가로 유명하다. 그가 청와대로 들어갈 때, 약 3만 5천 권에 달하는 장서를 가지고 갔다는 일화가 전해진다. 정적에 의하여 연금을 당할 때도 항상 출근할 때처럼 깨끗이 씻고 정장으로 갈아입었다고 한다. 그러고는 책상 앞에 앉아 책을 읽었다. 연금에서 풀려 바쁜 정치인으로 살아갈 때, 차라리 감옥에 있을 때 마음껏 책을 읽을 수 있어서 좋았는데 하며 그 시절을 그리워했을 정도이다. 그가 감옥에서 가족들이나 지인들에게 보낸 편지에는 그의 엄청난 독서 이력이 고스란히 전해진다. 엄청난 독서량으로 그는 경제학 분야의 학위는 없지만, 경제학 이론을 만들기도 했다. 《대중경제론》이라는 책을 썼다. 그의 놀라운 연설 실력과 글쓰기 실력은 아마도 그의 엄청난 독서량에서 나온 것이 아닌가 추측을 해본다.

모택동 역시 엄청난 독서광이다. 국민당 정권에 쫓겨 대장정을 할 때, 말라리아에 걸려 말 뒤에 매달아 놓은 들것에 실려 갈 때도 책을 읽었다고 전해진다. 그는 나중에 중화인민공화국을 만들어 집권할 때, 전국 각지로 출장을 가면 그 지역의 도서관에서 책을 빌려서 보았다고 한다. 그는 특히 침상에서의 독서를 즐겼다. 그는 나이가 들어 책을 읽을 수 없을 만큼 시력이 저하되었다. 그때에도 책을 읽어주는 사람을 통해 귀로 들었다. 그는 쓰지 않는 독서는 의미가 없다고 생각했다. 책을 읽으면 반드시 그 책의 내용을 짧게 요약 정리했다. 또한, 책의 여백에 자기 생각을 적었고 자신만 알아볼 수 있는 여러 가지 부호를 이용하여 책에 표시하였다. 집중적인 몰입 독서를 했을 때는 중학교 때이다. 성립 도서관에서 6개월간 매일 떡 하나로 버티면서 몰입 독서를 하였다.

더글러스 맥아더는 자신의 업무를 마치면 대부분 자신의 저택 서재로 갔다. 거기서 그는 약 7,000권에 달하는 그의 장서를 읽으면서 시간을 보냈다.

샤를 드골 역시 엄청난 독서가였다. 그의 서재에는 엄청난 장서가 있었다. 그가 새롭고 창의적인 군사전략을 구사할 수 있었던 배경에는 그의 엄청난 독서량이 있었다.

히로시마와 나가사키에 원폭 투하를 지시한 해리 트루먼은 고등학교 시절 자신이 사는 동네 도서관의 책을 모두 읽었다고 전해진다. 그가 고졸 학력인데도 불구하고 상원의원 시절 상임위에서 능력을 인정받아 부통령으로 발탁될 수 있었던 배경에는 그의 엄청난 독서량이 한몫한다. 실제로 그의 대통령으로서의 수행 능력도 역대급으로 평가받는다.

알버트 아인슈타인은 청소년 시절부터 독서에 빠져 이런 말을 남겼다. "나는 앞으로 맥주 대신 순수이성비판에 취해서 살 것이다." 그는 성인이 되어 독서클럽을 만들었다. 〈올림피아 아카데미〉라는 이름의 클럽이었다. 과학 고전 등을 회원들과 같이 읽으며 한 구절 한 구절을 같이 읽고 깊이 이해하기 위하여 날밤을 새우기 일쑤였다.

윈스턴 처칠은 고등학교 시절 영어를 제외한 모든 과목에서 낙제를 받는 학습부진아였다. 하지만 어머니의 특별한 독서교육으로 인하여 훌륭한 인재로 거듭났다. 나중에 《제2차 세계대전 회고록》을 써서 노벨문학상을 받기도 했다. 다양하고 엄청난 그의 독서량은 그에게 미래를 내다볼 수 있는 예측력을 길러주었다. 일례로 지금의 〈무선 핸드폰〉의 출현을 예측하기도 했다.

19세기 대표적인 화가인 고흐도 엄청난 독서가였다. 권총으로 자살했다고 알려지는 바람에 충동적인 인물로만 여겨지지만, 지인들과의 편지에서 200권이 넘는 책을 언급할 정도로 탐독가였다. 고흐는 '성경이 있는 정물' 등에서 책을 표현했고, 문학작품에 대한 감흥을 주요한 작품 동기로 삼았다.

한때 세계 1위의 부자로 불리던 마이크로소프트사의 공동 창립자인 빌 게이츠 역시 그 바쁜 와중에도 평일에는 1시간 이상, 주말에는 몇 시간 정도를 반드시 독서하려고 노력한다고 밝힌 적이 있다. 그의 대저택에는 개인 도서관이 있다. 그의 장서를 보관하고 있다. 그가 일주일 정도의 휴가를 즐길 때 늘 준비해 가는 것이 있다. 읽을 책들이다. 휴가 중 읽을 책들을 선정하여 그 책들을 준비하여 휴가 때 가져간다. 그리고는 휴가 때 주로 그 책들을 읽으면서 보낸다.

책을 많이 읽는다고 누구나 위인이 될 수 있는 것은 물론 아니다. 하지만 그토록 높은 비율의 위인들이 책을 무척 가까이했다는 사실은 우리에게 많은 시사점을 준다. 많은 좋은 책들은 우리 모두에게 훌륭한 스승의 역할을 한다. 위대한 무도인이 되고 싶다면 우선 당대 최고의 고수를 찾아가 제자가 되려고 할 것이다. 다행히 제자로 받아들여진다면 그의 가르침을 따라 성실히 무술을 배울 것이다. 천부적인 자질이 있다면 다른 사람들보다 더 빨리 무술의 달인이 될 수 있을 것이다. 우리가 책을 가까이하려는 것은 위대한 책을 쓴 위대한 스승으로부터 한 수 배우려는 것이다. 그들로부터 그들의 노하우를 아주 저렴한 가격으로 쉽게 얻을 수가 있다. 물론 고수의 제자가 된다고 하여 누구나 무술의 달인이 되는 것은 아니다. 하지만 고수로부터 배우려 하지 않는다면 아예 무술의 달인이 될 가능성은 거의 0%에 가깝다. 어떤 자든 막론하고 본인이 원한다면 제자로 받아들이는 사람이 있는 반면 어떤 자는 엄격한 잣대를 가지고 제자를 받아들이기도 한다. 하지만 책이라는 스승은 본인이 원하기만 한다면 언제든지 제자로 받아들일 자세를 가지고 있다. 책이라는 위대한 스승을 통해 위대해진 많은 인물의 예를 통해 우리는 배워야 한다. 위인이라는 종착지까지 가장 빠르고 안전하게 가기 위한 KTX 티켓은 바로 〈독서 습관〉인 것이다.

제4장

멋진 강사 생활은 책이 원천이다

히창호

나는 책으로 강사가 되었다

'백세 시대', 한국에서 이제 흔한 말이 되었다. UN에 따르면 65세 이상 인구 비중이 14% 이상이면 고령사회, 20% 이상이면 초고령 사회로 분류하는데, 우리나라는 2017년 고령사회에 진입한 이후 향후 3~4년 내 초고령 사회에 진입할 것이란 관측이 나왔다. 그러다 보니 내 주변에 인생 2막을 준비하기 위한 직업으로 '강사'를 준비하는 분들이 많이 있다.

강사를 준비하는 사람이 많음에도 불구하고, 한국에서 2020년 기준으로 1년에 책을 읽는 성인 독서량이 약 6.1권에 불과하다. 강사를 준비하시는 사람 중에 다수가 자신의 강의주제와 관련된 책을 읽고 준비를 해야 하는데, 민간이나 국가 기관에서 찍어내는 듯한 강사양성 과정을 이수함으로써 강사가 되려고 준비하는 사람들이 더 많은 것 같다.

그동안 내가 발견한 재미있는 점은 이렇게 책을 읽으면서 강의를 준비하려는 분들보다 강사양성 과정을 통해서 인생 2막을 강사로 시작하신 분들이 활동하면서 현장에서 부딪히는 어려운 점을 많이 토로한다는 것이다. 이러한 대표적인 어려운 점을 요약하자면, 첫째 청중들이 자신의 강의에 집중을 잘하지 않거나, 둘째 강의를 섭외하는 담당자들이 강의내용에 익숙하다고 하면서 정해진 시간보다 더 짧게 강의해달라고 요청한다는 것이다.

이런 어려움을 토로하는 강사들에게 독서와 강의가 어떤 연관이 있고, 독서를 통해서 우리가 어떻게 성장하는지, 그리고 이런 성장을 청중과 어떻게 나눌 수 있는지에 관한 나의 생각을 나누고 싶다.

우선, 내게 강의는 무엇이고 어떤 의미일까? 나의 경우 강의를 연속적으로 2~3시간 진행하면, 온몸이 땀으로 젖고, 눈도 뻑뻑해지고 급 피로감이 몰려들어서, 더는 강의하지 않는다. 일종의 번 아웃 된다고 할까? 내가 강의 후 급격한 피곤함을 느끼는 이유는 언어를 통한 정보전달에 국한하지 않고, 청중의 마음을 열고 변화의 동기부여를 주기 위해서 나 자신의 다양한 에너지를 청중에게 쏟아붓기 때문이다. 내가 생각하는 강의란 마음과 몸으로 행하는 소위 종합 예술로 인지적인 정보전달을 기본을 하지만, 강사의 열정이라는 수단으로 청중과의 감정의 소통인 것이다. 그래서 이것을 잘 아는 유능한 강사들은 청중의 집중력 향상과 청중과의 감정 교류를 위한 변화감 있는 강의 기법을 사용한다.

나의 경우로 예를 들자면, 강의 시작 부분에 강의주제와 연관된 손 유희나 스팟을 활용하여 청중과 라포(사람과 사람 사이에 생기는 상호신뢰 관계)를 형성하여 청중의 마음을 열면서 강의를 시작한다. 강의 시작 후

약 20분 정도 지나서 청중의 집중력이 떨어지기 시작할 때, 나는 강의내용과 관련된 추가 스팟을 활용하며 강의를 이어간다. 이는 인간의 집중력이 길지 않고 약 20분 정도 유지되기 때문에 청중들을 집중하도록 만들기 위함이다.

강사를 준비하는 사람들에게 효과적인 강의를 위한 팁을 주자면, 같은 톤으로 강의하지 말고, 자신의 말의 속도, 고저의 변화를 주면서 청중들에게 흡입력 있는 강의를 진행하라고 강조하고 싶다. 이렇게 할 때, 청중은 나의 말에 더 집중하게 되고, 내게 집중한 청중에게 강사는 주제와 관련된 자신의 사례나 자신의 경험담을 공유하고 이때 청중은 강사의 진정성에 감명을 받게 된다. 나는 이러한 강의를 할 때, 강의 중 청중 마음속에 심었던 변화의 씨앗은 강의 후에 청중들의 마음속에서 동기가 되고 역동이 되어 실천하게 된다.

내가 강사를 하게 된 이유 두 가지를 더 들자면 다음과 같다.

첫째는 강의가 나를 행복하게 만드는 수단이라는 점이다. 나는 자존감이 낮고 대신 자신감만 높은 성격으로 타인으로부터 인정받고 싶은 욕구가 강했다. 이런 나를 강의를 준비하면서, 강의하면서 변화하고 성장하게 되었다. 특히, 내 강의에 관심 가져 주고 높게 평가해 주는 사람들은 강사로서 나를 더욱 신명 나게 해주었다. 또, 강의를 마친 후, 청중들로부터 받는 좋은 평가와 지지는 나의 인정욕구를 채워주는 자릿한 도파민이 되었다. 그래서 나는 더욱 강의 준비하는 시간을 늘렸고, 강의가 되풀이될수록 실력이 배가된 강의할 수 있었으며, 동시에 나의 자존감도 함께 높아졌다.

그러기 때문에 나는 더 많은 강의의 기쁨을 맛보고 싶어서 보통 강사들과는 다른 전략을 취했다. 보통 강사들이 하나 또는 두 개 정도의 관련된 주제의 강의를 한다면, 나는 보건 강의(성교육, 중독예방, 약물 오남용, 심폐소생술), 안전 강의(소방안전, 재난 안전, 생활 안전), 폭력 예방 강의(성폭력, 성희롱, 성매매, 가정폭력, 아동학대 예방) 등 다양한 분야의 다양한 주제를 강의하고 있다. 또한, 초중고 학생을 대상으로 하는 강의나 교직원을 대상으로 하는 강의, 일반인을 대상으로 하는 강의, 어르신을 대상으로 하는 강의 등 다양한 대상과 연령층의 대상자에게 맞는 맞춤식 강의를 하고 있다. 그러면서 한 분야에 제한된 강의가 아니라, 서로 다른 주제가 관련된, 인간을 바라보는 종합적인 관점의 강의를 하게 되었다.

이런 전략을 취함으로 내가 좋아하는 강의를 더 많이, 더 자주 할 수 있었고, 강사 섭외에 어려움을 겪는 기관의 담당자들의 애로사항도 해결하면서 꾸준히 관계를 유지할 수 있었다. 일 예로 서울지역의 한 자활 센터의 경우 2016년부터 2022년 7월 현재까지 내게 성희롱 예방과 개인정보 보호 강의를 매년 의뢰하고 있고, 내가 심폐소생술 강의로 연을 맺게 된 보건 선생님들을 내게 성폭력 예방, 성교육, 흡연 예방 강의 역시 매년 의뢰하고 있다.

내가 처음 강사가 된 분야는 적십자사의 응급처치 강사이다. 응급처치 강사가 된 이유는 내가 43세였던 2014년도 2월, 대학 동기의 갑작스러운 죽음으로부터 출발한다. 그때까지 죽음에 대해서 전혀 생각해 본 적이 없던 내게, 대학 때 축구도 잘했고 몸도 건강해서 죽음과는 전혀 어울리지 않았던 동기가 40대 초반에 고인이 된 그 사건이 너무나 큰 충격이었다. 그 동기는 겨울철 운동장에서 축구를 하다가 쓰러졌음에도, 함께 있던 사람 중 한 명도 쓰러진 동기에게 심폐소생술을 하지 못했다. 함께 운동했던 사람들은 그저 119 구급대가 올 때까지 발만 동동 구르면서 기다리다가 결국 내 동기는 싸늘한 학교 운동장에서 심장마비로 사망했다. 나는 이 사건을 계기로 의료인이 아닌 일반인으로서 심폐소생술과 같은 응급처치할 수 있는 강사가 되었다. 일반인으로서 응급상황에서 할 수 있는 처치를 알고 행한다는 것과 몰라서 아무것도 할 수 없는 것은 천양지차이며, 나는 전자를 택하여 응급의 위중한 상황에서 대처할 수 있는 능력으로 나를 성장시키고 강사로 활약하기 시작했다.

다음으로 강의를 시작한 분야는 흡연 예방과 금연 분야이다. 내가 흡연자였기 때문에 종종 담배를 끊고자 마음먹던 중, 확실하게 담배를 끊을 수 있는 여러 가지 방법을 생각하다가 흡연 예방 강사가 되어 흡연 예방과 금연 강사로 활동하기로 마음을 먹었다. 아무리 중독성 있는 담배라도, 내가 흡연 예방 강사가 되면 쉽게 담배를 끊을 수 있을 것으로 생각했기 때문이다. 흡연 예방 강사가 담배를 피우는 것을 누가 상상이나 할 수 있을까? 나는 스스로 흡연 예방 강사가 담배를 피우는 건 말도 안 된다는 책임감을 부여하며 금연을 감행하고 성공했다.

나는 흡연 예방 강의 활동을 하면서 담배를 피웠을 때의 폐해, 담배를 끊었을 때의 좋은 점들을 알리고 다니면서 더욱 담배를 멀리할 수 있게 되었고, 특히, 금연 교육을 하면서 지식적 측면의 교육보다는 마음을 움직이는 감정에 호소하는 강의가 효과적인 것을 깨닫게 되었다. 사람은 머릿속으로 알고 있어도 행하고자 하는 의지가 없으면 행할 수 없다는 점,

그리고 알고 있는 것을 행할 수 있도록 마음을 기분 좋게 열어주는 것이 강사로서 해야 할 정말 중요한 점이다.

초보 금연 강사 시절에는 이러한 사실을 몰랐었기에 금연 교육에서 인지적 내용으로 채워진 강의를 준비했고 결국, 청중들의 마음을 못 읽어서 강의를 망쳤던 경험이 있다. 나는 열심히 준비했지만, 금연에 대한 거부감으로 가득 찬 청중들은 나의 열정적인 강연에도 외면했다. 나의 강의가 끝나고 쉬는 시간에 삼삼오오 모여서 청중들이 담배를 피우는 것을 보고 나는 경악과 좌절감에 다리가 후들거렸다. 정말 비참하고 창피했다. 정말 숨고 싶었다. 그들은 담배가 암의 원인이고, 심장마비로 사망에 이르게 할 수 있으며, 손과 발을 썩게 할 수 있는 버거병의 원인이 된다는 것을 이미 알고 있었다. 그러나, 현재 그들은 아무도 암, 심장마비, 또는 버거병을 앓고 있지 않았다. 단지, 그들은 일상의 스트레스를 담배 연기 속의 니코틴이 주는 도파민으로 쉽게 해결하고 있었다, 그들은 담배만이 삶의 해방구라고 생각하고 있었다. 그런 사람들에게 내가 잘난 것처럼, 강의내용을 지식적이고 지시적으로 이야기하다 보니 나의 강의는 결국 그들의 마음을 움직이지 못했다.

나는 이후 어떻게 강의해야 하는지 고민을 했고, 지금은 금연 교육 진행 시, 꼭 웃음 치료와 레크레이션 기법을 넣은 강의를 하고 있다. 이는 사람들의 마음을 열지 못한 상태에서 지식만 집어넣는 무례함으로 강의를 하는 정신적 가해를 내가 더 이상하지 않기 위해 노력하는 방식이다. 나는 강의 시작부터 2/3 시간까지 담배나, 금연이라는 단어를 사용하지 않고, 청중들에게 웃음과 즐거움을 함께 나누는 시간을 보내며, 웃음과 즐거움에 마음껏 취한 청중들이 차차 나에게 마음을 열고 내 이야기에 관심을 두기 시작할 때, 강의주제와 관련된 나의 경험을 살포시 공유한다. 나역시도 흡연자였고, 작심삼일의 일화도 있었음을 솔직히 인정한다. 그럴때 청중들은 '아 저 강사도 나처럼 똑같이 담배를 피웠구나.'라는 동질감을 느끼며 나와 함께 하기 시작한다. 이후 청중의 마음은 활짝 열리고, 강의를 열심히 듣고 반응해 준다. 청중이 내게 반응을 보여주고 함께 할 때, 앞서 언급했듯이 나는 힘이 나고, 짜릿한 쾌감을 느낀다. 이런 짜릿한 느낌이 나의 삶을 더욱 행복하고 보람 있게 만든다. 이것을 뼛속 깊이 느끼기에 더욱 강의 기회를 만들고 나를 성숙시키기 위해 타 분야의 강의에 도전한다.

내가 강사가 된 둘째 이유는 강의가 나를 성장시키고 성숙한 인간으로 만들어준다는 점이다. 여기서 중요한 것은 나는 다양한 강의를 통해 내적으로 성장하고 있지만, 이러한 성장과 성숙의 바탕에 독서라는 장치가 있다는 것이다. 나는 독서를 하면서 자신을 이해했고, 내가 원하는 나를 설계해서 성장할 수 있었으며, 이런 성장을 나의 강의에 반영했다.

현실에서 우리는 가정, 학교, 사회에서 '나'의 변화와 발전에 대한 기회를 얻을 때보다, 불행하게도 그렇지 못할 때가 더 많다. 솔직히 말하면, 우리가 오히려 현실에 안주하는 삶을 살도록 길들여지는 것 같다. 학력, 학벌, 지역, 혈연으로 얽힌 복잡함 속에서 우리가 시도하는 삶의 도약에 대한 도전은 현실에서 너무나 쉽게 한계에 부딪힌다. 특히, 모순된 현실과 비이성적인 세계를 만나게 되면서 우리는 학교에서 배웠던 세상과 현실의 괴리감을 느끼기도 한다.

이러한 괴리감은 우리를 무능력하게 만들고, 희한하게도 현실에 안주하게 만들기도 한다. 다행히도 우리는 독서를 통해서 이러한 한계를 넘나드는 지식과 지혜를 얻을 수가 있다. 이때 중요한 것은 '삶과 사람에 대한 독서'를 통해서 나를 알고 성장해야 한다는 것이다.

그렇다면 '삶과 사람에 대한 독서'는 어떤 독서를 말하는 걸까? 바로 철학, 심리학, 역사, 문학, 고전을 골고루 읽는 것이라고 할 수 있다. 철학을 통해서 우리는 삶의 다양한 가치가 있다는 것, 절대적 가치와 상대적 가치가 공존한다는 것을 알게 되며, 철학이 거창한 담론보다는 나를 반성하고 나를 구성한 체계에 관한 질문과 이에 대한 고민일 수도 있다는 것을 깨닫게 해준다.

특히 이제는 과학이 절대적 지식이 아니라는 것도 알게 되면서 인간의 교만함에 경계심을 가질 수 있게 된다. 이러한 경계심을 바탕으로 심리학 관련 책을 읽으면서 지금까지 관심이 없던 나 자신을 주제로 공부하게 된다. 어렸을 때의 나와도 만나 화해하면서 몸은 어른이지만 마음은 아이인 내가 가지고 있는 상처들도 어루만지게 된다. 그렇게 나 자신을 이해하고 바라보고 나면, 타인에 대한 이해와 포용을 가슴으로 할 수 있게 될 것이다.

역사 관련 독서를 하면 '반성 없는 과거는 현실에 반복될 수 있고, 과거의 성공 방식이 현실에서 똑같은 방식으로 이루어질 수 없다'라는 것도 알게 된다. 문학과 고전을 읽으면서 우리는 진하게 감동하고 저자가 주는 지혜를 마음에 새기면서 얻게 된다.

독서는 현재의 나를 알게 하고, 내가 원하는 나를 설계하고 꿈꾸게 한다. 또, 그렇게 성장시킨다. 나는 현재 사업, 독서 모임, 학업을 병행하면서 현재까지 약 300여 권의 책을 읽었다. 그전에는 독서를 좋아하지 않았지만, 지금은 나를 성장시키는 독서가 너무 좋고, 매월 독서 모임에 참가해 함께 책을 읽고 나눌 내용을 준비한다. 그 이유는 독서 모임에서 내가 깨닫거나, 새로 알게 된 것을 함께 나누고 삶 속에 적용할 것을 각각 발표해서 책의 정수를 나 자신의 삶 속으로 끌어들일 수 있기 때문이다. 나는 읽은 책을 강의할 때, 반영하고, 내 삶 속에 적용한다. 이렇게 책을 읽으면 책이 주는 지식과 지혜는 머리에 남지 않고 몸에 남게 된다.

내가 생각하는 유능한 강사도 그렇다. 자신의 강의 분야에만 한정된 지식으로 강의를 채우기보다는 자신과 사람을 이해하고, 자신을 성장시키기 위해 독서를 삶으로 하며, 성장한 자신을 예시로 청중을 움직이고 성장시키는 역할을 하는 강사가 바로 유능한 강사이다. 그러기 위해 다독으로 자신의 주장에 대한 근거를 논리적으로 세우고 책의 깨우침으로 자신이 변화된 증거가 있는 삶을 강의의 예시로 삼아야 한다. 그렇게 될 때 강의는 뜨거워지고 그 강의는 청중의 관심으로 달아오르게 된다. 중요한 것은 강사는 자신의 내면화된 지식과 지혜로 강의의 뜨거운 열기를 지피고 나서 그걸로 강의를 끝내면 안 된다는 점이다.

강사는 자신의 강의가 정점으로 가면 청중의 삶의 변화를 끌어낼 수 있는 동기의 씨앗을 심어야 한다. 그런 강의가 되면 청중들은 자신의 변화에 설레게 되고 결국에 변화를 통한 성장을 겪게 된다. 이렇게 변화되고 성장한 청중과 강사가 함께 할 때, 강사는 인간으로 극한 행복감을 느끼게 된다. 이런 행복감의 가장 저변에 책이 있었다. 나는 책으로 강사가 되었고, 책으로 청중과 함께 호흡하였다. 그리고 나는 책으로 제대로 강의를 즐기는 강사가 되었다.

어떤 책으로 시작할까요?

    나의 씨앗 도서를 소개하려 한다. 고등학교 다닐 때, 시험 마치고 스트레스를 풀기 위해 온종일 만화책을 몰아 보던 취미는 있었지만, 대학 졸업 후 나는 책을 볼 이유나, 욕구는 없었다. 그래서 어쩔 수 없이 책을 봐야 할 이유가 생기게 되어 책을 보게 되면, 1페이지 읽는데, 30분이나 소요되었고 결국에 책을 덮게 되었다. 이런 나를, 일주일에 한 권씩 완독하게 만들고 독서 모임을 설렘을 갖고 기대하게 만들어 준 것이 나의 씨앗 도서이다. 그렇다면 씨앗 도서는 무엇일까? 농부가 씨앗을 뿌려서 싹을 틔우고 틔운 싹을 정성스럽게 키우는 것처럼 씨앗 도서는 나에게 독서를 해야 하는 이유를 깨우치게 하고 독서를 습관으로 만들어주는 기본 도서를 말한다. 이러한 씨앗 도서를 통해서 나는 독서를 심취하게 되어 나를 성장시키게 된다. 즉 독서의 즐거움을 알게 하고 독서의 습관을 시작하게 만드는 나의 애착 도서 목록이다. 내가 독서 모임에 발을 들이기 위해 첫 번째로 읽었던 책은 인간의 삶을 나비로 비유한 책이었는데 이 책이 나의 첫 번째 씨앗 도서다.

첫 번째 씨앗 도서를 읽으면서 나는 정말 깜짝 놀랄 사실을 접하게 되었다. 우리가 학교에서 배운 지식으로는 나비는 알을 식물의 잎에 낳고 나비의 알이 부화하여 애벌레가 되어 잎을 갉아 먹다가, 성충이 되면 번데기가 되고 다시 변태 후, 나비로 하늘로 날아가는 존재가 되는 것으로 안다. 하지만 이 책에서 알려주는 사실은 나비가 낳은 100개의 알 중에 대부분 부화가 되어 애벌레가 된다. 일부는 새 같은 천적에 먹히지만 그러지 않는 애벌레 모두가 번데기가 되어 나비가 되지 않는다는 것이다. 실제로는 다수의 애벌레는 애벌레 상태로 삶을 살다가 애벌레로 상태로 죽는다는 것이다.

나는 이 책을 읽기 전에는 식어 버린 열정으로 세상으로 바라보고 있었다. '내가 이 세상을 바꿀 수나 있어?' '이렇게 바쁘고 힘든 세상, 생존하기 위해서 이 정도만 해도 충분해', '사람 사는 인생 다 똑같아, 그냥 긁어 부스럼 만들지 말고, 지금 그 자리에서 최선을 다해' 등등 비 도전적 언어와 술과 담배라는 자기 파괴적 도구로 자위를 하고 있었다.

하지만, 이 책을 읽으면서 우리의 삶과 애벌레의 삶을 곰곰이 생각하게 되었다. 나는 나비일까 아니면 애벌레일까? 나비로 사는 것은 성취, 또는 성공의 삶일까? 아니면 굳이 힘들게 변태를 하지 않고 애벌레로 사는 것이 더 나은 삶일까? 나비가 될 것인지, 아니면 애벌레로 살다가 죽을지. 자신의 삶에 안주하고 감사하고 더 이상 발전 없이 살지. 아니면 내 주변의 사람들을 발전과 성장시키고, 그리고 나 역시 성장하고 발전할지. 이렇게 나에 관한 생각의 끈을 잡게 만든 책이 바로 나의 첫 번째 씨앗 도서이다.

이 책에서 정의하는 나비형 인간은 애벌레의 삶으로 만족하지 않고 변태 후 나비가 되는 존재, 즉, 자신이 가지고 있는 재능과 익힌 역량으로 자기를 성장과 성공시키고 동시에 주변의 사람들에게도 영향을 끼쳐서 그들의 성공도 돕는 존재이다. 이러한 '나비형 인간'은 세상을 더욱 살맛 나고 아름다운 것으로 만들어가는 존재이다.

나는 애벌레로 현재의 환경, 현재의 나의 상태에 만족하며 자위적으로 살지 않기로 했다. 내 삶의 진정한 주인 되어 나를 성장시키고 세상에 도전하는 성취하는 삶으로 나를 설계하기로 했다. 이러한 나의 결심은 2014년 4월부터 현실화하였고, 내 아내를 대표로 하는 회사를 설립하여 세상과 대면하고 성장하는 삶을 살기 시작했다. 그다음 해, 2015년 내 아내와 함께 운영하는 회사는 2014년도 수출실적이 미화 100만 달러를 넘어서, 대표인 아내는 한국무역협회로부터 수출 백만 불탑을 받게 되었다. 2016, 2017년 초반까지 수출로 성장하던 회사는 사드 사태 이후 중국의 경제 보복으로 수출을 할 수 없는 상황에 빠지게 되어, 절체절명의 위기 상황에 빠지게 될 수 있었지만, 많은 매출과 영업 이익을 주었던 수출에 만족하지 않고 2014년부터 부부가 응급처치 강사, 흡연 예방 강사로 강의를 시작하고, 내수 판매 제품을 발굴하여 판매를 시작하여 2017년 하반기에 수출이 끊긴 상황에서도 현재까지 이전의 영업 이익 이상으로 수익을 내고 있다. 참고로 2022년 6월 현재 나와 내 아내의 합산 수입은 월 사업소득으로 약 2천만 원, 강의 소득으로 6백만 원 정도이다.

나의 두 번째 씨앗 도서는 자신의 경영과 성공에 관한 책이다. 이 책이 나를 매료시켰던 이유는 바로 실패와 성공하는 지도자에 관한 것이다. 먼저 사람들이 실패하는 이유를 제시하고 있는데, 많은 사람이 실패하는 이유는 과거에 성공했던 똑같은 방식으로 현재의 새롭게 바뀐 상황에 적용하기 때문이다. 이는 과거와 다른 현재 상황을 제대로 파악하지 못하고 과거의 방식을 답습하다가 결국에 실패한다는 것이다. 나 역시도 한 번도 겪지 못한 현재 상황을 자신의 알량한 과거 성공의 경험으로 헤쳐나가려고 하다가 오히려 늪에 빠진 적이 더 많았다. 하지만 지금은 현재 상황의 모색, 미래를 예측하기 위한 노력을 위한 지출에 인색하지 않다. 이는 바로 배움과 익힘의 비용이며, 매년 6~8백만 원 정도의 학습 경비를 소비하고 있다. 이 중 독서를 통한 학습 경비는 가장 저렴하지만 가장 효율적인 방식이며, 가성비 최고의 학습 효과를 가지고 있다.

　이 책에서 제시하는 '성공하는 지도자'는 과거를 배우지만 과거에 자신을 구속하지 않고 오히려 미래를 꿈꾸는 능력을 키운다. 이러한 성공하는 지도자는 꾸준한 자기 계발과 성찰을 통해서 과거에 자신을 국한하지 않고 새로운 가정과 전제를 창출하면서 성공을 이룩하는 사람들이기 때문이다. 이러한 지도자들은 과거를 공부하지만, 창조적으로 이해하고 현재의 변화된 현실을 분석하여 과거와 현재의 차이를 파악하여 성공의 결실을 보는 사람들이다. 과거의 성공한 지혜를 현실의 성공으로 이끄는 지혜, 사람을 믿고 세상의 아름다움을 위해 작은 것에도 마음을 쓰고 이를 자기 혁명의 출발로 만드는 지혜, 이것들이 성공하는 지도자의 핵심 능력인 것이다. 회사에 다니다 보면 자기방어적이며, 수동적인 상사를 종종 보게 된다. 이들은 자신이나 부하 직원의 역량 계발을 통한 부서의 매출 증가를 추구하기보다 현재의 매출이라는 숫자에 집착하면서 과거의 데이터에 집중하며, 결과라는 숫자만 중시한다. 부하 직원들에게 방법과 이유를 물으면서 본인 자신은 그 해답을 제시하지 못한다. 더 이상 관리형의 지도자는 성공의 길에 도움이 되지 않고, 오히려 조직의 성취에 방해가 된다. 혹시 이러한 지도자 하에 있는 능력 있는 분들이 있다면, 내가 그랬듯이 자신을 성공하는 지도자로 옹립하고, 자신을 스스로 경영하라고 제안하고 싶다.

두 번째 씨앗 도서는 내가 하는 사업의 큰 지침을 알려준다. 이는 돈을 벌기 위해서 정당한 이익을 추구하고 그럴 때 사업이 번창한다는 점이다. 많은 이들이 자본주의 사회에서 정의와 이익의 관계를 반대로 알거나 상충한다고 생각하는 사람들이 있다. 하지만 고전 경제학자인 애덤 스미스는 자본주의하에서 사람들은 자신의 이익을 위해서 자신들이 만드는 재화에 최선을 다한다고 본다. 이렇게 만들어진 재화가 수요와 공급의 곡선에서 보이지 않는 손에 의하여 가격이 형성된다고 생각했다. 물건을 만들거나 판매하는 사람들이 자신의 정성을 담을 때, 그 정성이 들어간 재화야말로 같은 종류의 재화를 만들거나 유통하는 경쟁자보다 당연히 비교 우위에 있을 것이고 그럴 때 정성을 담는 사람들은 더욱 많이 팔아서 경제적 이윤을 더 많이 가져갈 수 있기 때문이다.

두 번째 씨앗 도서에서 마지막 교훈은 사람들은 변화에 적극적이어야 하고, 변화에 대한 저항을 최소화해야 한다는 점이다. 사람들은 자신의 발전을 위해 변화를 필요하지만 현재 상태에 만족하여 변화를 모른 척하거나 일부는 맞서기도 한다. 사람들에게서 변화가 필요한 순간은 반드시 존재하고, 특히 자신이 위기 빠졌을 때, 다른 사람들과의 갈등이 최고조에 이르렀을 때가 바로 최고조로 변화가 필요한 시기이다. 우리는 변화에 대한 자신 내부의 저항을 최소화하기 위한 모든 수단을 찾아서 시도해야 한다. 운동을 시작하는 사람들이 가장 어려운 것이 현관문을 나가는 것이 듯이, 자신의 쇄신과 상황의 변신을 추구해서 변화와 성장을 이루었을 때 자신은 성공적으로 경영할 수 있게 된다.

내가 2014년도에 응급처치 강사로 강의를 시작하였을 때는 응급처치나 심폐소생술 교육은 초중고 학생들에 대한 것이었으나, 학교보건법이 개정되면서 현재 초중고 교직원들은 응급처치 및 심폐소생술에 대한 연수를 매년 받아야 한다. 또한 연수를 제공하는 강사는 의사, 응급의료 또는 교육의 경력이 5년 이상의 응급구조사, 응급처치 또는 심폐소생술 강사 자격이 있는 간호사이다. 나와 내 아내는 기존의 적십자 강사로 만족하지 않고, 이러한 새로운 변화에 대응하고자 응급구조사를 준비하여 응급구조사가 되었다. 특히 나의 경우 현재 소방안전 교육사 2차 시험을 준비하고 있으며, 생활 스포츠 지도사 2급 필기시험에 합격하여 구술과 실기시험을 준비하고 있으며, 2022년 2월 방송대 교육학과를 졸업 후 방송대 보건환경학과 3학년 편입, 그리고 평생교육학과 대학원 석사 과정을 다니고 있다.

나는 지금까지 내가 씨앗 도서로 삼는 두 권의 책을 소개했다. 이 씨앗 도서를 읽고 내게 제일 먼저 온 변화는 책이 좋아졌고, 책을 함께 읽는 사람이 좋아졌고, 나 자신이 좋아졌다. 1년에 한 권의 책도 읽지 않던 나를,

일주일에 한 권의 책을 읽게 하고, 담배와 술에 찌들어서 주말에 늦잠으로 아침을 낭비했던 나를, 독서 모임을 위해 일찍 일어나서 서울에서 인천으로 향하게 했다. 지식적으로 나 자신의 이야기를 남에게 주입했던 내가, 독서 모임의 구성원들의 발표를 끝까지 듣고 공감하게 되었다. 만일 이 글을 읽는 분들이 과거의 나처럼 사셨다면, 내가 소개한 씨앗 도서를 읽어보기를 강권한다. 그러면 저자가 글 속에 숨겨두었던 뜨거운 지식이 당신에게 열정을 심고 변화를 초래할 것이다. 자, 이제 당신의 마음에 도서의 씨앗을 심어라.

본깨적 독서법, 하크니스 토론법

내 집은 서울이다. 하지만 나의 독서 아지트는 인천이다. 인천의 옛 이름은 미추홀이지만, 나는 미추올(Meet you all) 나비라는 독서 모임에 참석하고 있다. 나는 이 인천에 있는 독서 모임을 했을 때 한 달에 매주, 지금은 한 달에 두 주에 한 번씩 참석하면서 선배님(구성원들을 호명할 때, 선배라 칭함)들과 즐거운 시간을 함께하고 있다. 이 독서 모임은 지금으로부터 약 5년 전 내게 크리스토퍼 리더십의 정수를 알려주셨던 유 모 강사님께서 나를 '맵시 무브먼트'라는 특강으로 초대하면서 알게 되었고, 지금까지 참석하고 있다.

고대 그리스 철학자 에피쿠로스가 행복해지는 것은 중요한 것이며, 아타락시아를 추구하라고 하였는데, 이 생소한 아타락시아라는 용어가 더 이상 고등학교 윤리 시간에 시험 문제로만 보였던 용어가 아니라 이제 내 삶 속에 적용되어 일상의 행복이 되었다. 아타락시아, 독서 모임의 즐거움, 바로 그것이다. 쾌락주의로 대변되는 에피쿠로스학파는 물질적 고통에서 벗어나 철학을 공부하고 우정을 나누면 심심하지 않고 죽음에 대한 공포도 없으며, 어떠한 욕망에도 흔들리지 않는다고 하였는데, 이것을 아타락시아라 정의했다. 독서를 통한 아타락시아, 나는 어떻게 얻게 된 것일까?

　내가 참여하는 미추올 나비의 독서토론 방식은 본깨적 독서법 방식이다. 그리고 이 본깨적 독서법에 관한 자세한 내용은 "인생의 차이를 만드는 독서법 본깨적"을 보면 자세히 알 수 있다. 따라서 내가 간단히 소개하는 내용보다 더 많은 내용을 알고자 관심이 있는 분이시라면 꼭 책을 구입해서 읽어보시기를 권해드린다.

　보통 독서토론을 하는 모임들은 주로 문학책을 읽고 개개인의 느낀 점을 공유하고 저자의 의도를 파악하고 서로의 의견을 나누면서 책의 핵심에 다가선다. 물론 이렇게 하다 보면 정말 심도 있는 토론도 될 수 있지만, 그렇지 않으면 여러 가지 서로 다른 견해로 시간만 잡아먹고 책에서 주는 깊은 지혜를 놓칠 경우가 왕왕 있다. 이러한 단점을 단번에 개선할 수 있는 독서법이 바로 본깨적 독서법이다.

　책을 읽을 때, 새롭게 알게 된 부분에 밑줄을 긋고, 본 것으로 표시하고, 인상적인 부분이나, 나를 감동을 주는 부분이나, 나를 깊게 깨우치게 하는 부분에 밑줄을 긋고 깨달은 것을 기록하고, 책을 읽으면서 내가 내 삶에 적용할 부분에 밑줄을 긋거나, 책을 읽은 후에 내 삶 속에 구체적으로 2주일 안으로 적용할 것을 책에다 적으면서 읽는 방식이다. 표시할 때는 본 것, 깨달은 것, 적용할 것에 대해서 서로 다른 색을 밑줄 표시하여 쉽게 구별할 수도 있고, 책의 페이지의 모퉁이를 접는 귀접기, 책의 페이지의 반을 접는 반 접기로 표시할 수도 있으며, 색깔 있는 띠지를 붙일 수도 있다.

이렇게 책에 내가 본 것, 깨달은 것, 적용할 것을 표시한 후 독서 모임을 할 때, 구성원들과 순서대로 발표하면서 구성원들 앞에서 자신의 차례에 읽고 그 읽은 부분에 대한 자신의 견해를 발표하는 것이다. 이렇게 하면 발표자와 그 자리에 참석한 구성원은 자신이 읽었던 부분을 다시 읽게 되고(재독), 발표자는 자신의 견해를 발표하면서 읽었던 부분이 내면화되는 것이다. 그리고 함께 있던 모임의 구성원들도 발표자의 견해를 들으며 그 부분에 대한 이해를 깊게 가져갈 수 있게 된다.

본깨적 독서법을 할 때 발표하는 사람들은 2~5분 사이로 자신이 표시한 부분에 대한 읽기와 견해 밝히기를 마무리하여 참여한 구성원들이 모두 발표할 공평한 기회를 함께 하고 있으며, 이러한 본깨적 독서법의 정수는 뭐니 뭐니 해도 바로 책을 읽은 후에 자신의 삶에 '적용할 것'을 발표하는 것이다. 책을 읽은 후에 간접 경험적 지식을 머리에 쌓아 두는 것이 아니라, 책에서 얻은 소중한 지식을 자신의 삶에 적용해 책의 지식을 자신의 행동과 습관으로 만드는 것이다.

본깨적 독서법으로 책을 읽고 독서 모임에서 함께 토론하고 삶에 적용할 것을 파악하며 책을 읽으면 독서가 즐거워진다. 마치 독서로 읽은 책이 내게 훈장처럼 박히고, 내 삶의 일부가 되어 가는 것을 느낀다. 이러한 본깨적 독서법으로 독서 모임을 할 때, 많은 이들이 궁금해하는 것이 있다. 당신은 책을 못 읽게 되어도 독서 모임에 참석하겠는가? 그러한 질문을 받게 되면, 나는 기쁜 마음으로 대답한다. '네 물론이지요' 혹시 책을 못 읽으면 〈들깨적〉 토론 방식으로 참여하면 된다고 편하게 말하고 싶다. 여기서 〈들깨적〉이란, 책을 읽었던 동료들이 자신이 밑줄 친 구절과 견해를 밝히면, 나는 그 내용을 들으면서 들은 내용 중에서 새롭게 알게 된 부분(들은 것), 거기에서 깨달은 것, 적용할 것을 발표하면 된다. 이처럼 본깨적 독서법은 책을 사정상 읽지 못하고 참여하는 분들도 가벼운 마음으로 참여하고, 소중한 지혜를 함께 나누는 방법이다. 그러기에 독서 모임은 구성원들이 읽거나 알게 된 지식을 자신의 것으로 하는데 '함께'하고 구성원들의 집단의 '역동성'으로 서로 격려와 자극을 주면서 책의 지혜를 행동화하기에 정말 좋은 도구라고 생각한다.

이러한 대단한 독서법을 하다 보니, 하크니스 토론법이 떠오른다. 하크니스 토론법은 책을 읽은 후에 발문으로 토론을 진행하는데, 여기서 발문을 만드는 것이 핵심이다. 흔히들 질문이라고 하면 많이 알고 있는데, 발문이라고 하면 익숙하지 않은 사람들이 있어서 이 둘의 차이를 설명하자면, 질문은 질문하는 사람이 몰라서 그 해답을 알기 위해서 묻는 것이다. 학생들이 모르는 것을 선생님들에게 질문하는 것이 그 예이며, 발문은 자신이 해답을 알고 있지만, 사람들에게 질문을 해서 그 질문을 들은 사람이 그 해답을 생각하게 만들고 발언하게 하여서, 정확히 알고 있는지를 파악하기 위해서 하는 토론의 기법이다.

하크니스 토론법에서 질문(발문) 만들기는 크게 세 단계로 이루어져 있다. 1단계는 정보를 묻는 말이다. 책의 내용 중에서 독자가 새롭게 접하는 부분에서 그 정보를 질문으로 바꿔서 물어보는 것이다. 2단계는 독자가 감명 깊게 읽은 부분과 그에 대한 이유에 관한 질문이다. 3단계는 책을 읽은 후에 삶 속에 적용할 것을 묻거나, 그 책을 꿰뚫는 질문을 만들어서 하는 것이다. 자, 이러한 질문 만들기를 알아보니 바로 본깨적 독서법이 눈에 확 들어온다. 맞다. 본깨적 독서법은 이 하크니스 토론법의 질문 만들기를 거꾸로 해서 책을 읽는 방식이다. 즉, 책을 읽으면서 새롭게 알게 된 정보를 체크하고, 내가 감명 깊게 느낀 부분을 체크하고 책을 읽은 후에 내 삶에 적용할 것을 찾아가거나 생각하면서 읽는 것이다. 그러기 때문에 정말 효용 있게 책을 읽는 방식이다.

본깨적 독서법, 하크니스 토론법을 이용하면 공부할 때도 정말 도움이 된다. 미리 교과서를 읽고 예습을 하면서 내가 아는 부분은 지나가고 내가 모르는 부분을 밑줄을 쳐서 기록하고, 내가 공부한 부분에서 인상적인 부분에 밑줄 치고, 그 이유를 적어두면, 나의 뇌리에 더욱 깊게 인식되어 오랫동안 기억이 될 것이며, 이러한 교과서의 정보를 통해서 내 삶에 적용한 것을 생각해서 행한다면, 그 역시 살아 있는 지식이 될 것이다.

그렇다면 이렇게 알게 된 본깨적 독서법과 하크니스 토론법으로 무엇을 어떻게 해야 할까? 나는 이 글을 읽는 여러분들에게 기존의 독서 동아리를 가입하거나, 자신이 동료들과 독서토론 모임을 만들어서 책을 읽고 토론하는 경험을 가져보기를 권해드리고 싶다. 왜냐면 바로 당신이 손쉽게 행복한 상태를 경험하는 방법이기 때문이다. 내가 읽은 내용을 발표하기를 고대하면서, 지지하는 눈빛을 보내는 동료들 앞에서, 나는 편안하게 당당하게 발표하고, 이러한 발표에 호응해주고 인정해주는 동료들과의 시간을 함께 보내는 것은 정말로 행복한 순간이다.

당신이 행복해지기 위해서 일주일에 책 읽는 시간 2~8시간, 독서 모임 시간 1~2시간 총 3~ 10시간 정도만 필요하다. 이때, 본깨적 독서법은 당신의 읽는 방식을 보다 입체적으로 해주고, 읽은 내용을 당신의 머릿속에 더 오래 유지 시켜 줄 것이고, 하크니스 토론법은 책 속의 정보를 꿰뚫게 해주고, 쟁점도 파악하게 해줄 것이다.

이제 책을 읽는 시간과 독서 모임에 참석하는 시간을 만들어 보자. 그리고 본깨적 독서법과 하크니스 토론법을 이용해서 책을 읽어보자. 이렇게 책을 읽게 되면 책이 더 이상 내 앞에 덩그러니 있는 것이 아니라, 내 삶의 일부가 되고 나의 습관이 된다. 그리고 나를 지지해 주는 동료들과 행복의 매개고리가 된다. 아타락시아, 더 이상 철학의 어려운 용어가 아니라, 책과 함께, 나의 독서 모임 동료와 함께 하는 행복의 순간이다.

책을 통해 진짜 아빠로 성장한다

부모도 부모 교육이 필요하다. 진짜 부모 되는 공부를 하지 못한 부모들은 사랑하는 자식들이 커 가는 것을 보면서 자식에 대해 미안한 감정과 고마운 감정을 동시에 느낀다. 아울러 자식의 성장을 바라보면서 운 좋게 자신 또한 성장할 기회를 얻은 부모들은 자식에 대한 과거의 언행을 부끄러워하며 후회하는 사람들이 많다. 나 역시, 과거를 돌아보면 내 아이에게 미안하고 자신에게 부끄럽다.

아이들이 성장하여 독립적인 존재로 커 가는데 어머니의 역할은 말할 필요 없이 중요하지만, 실은 아버지의 역할도 매우 중요하다. 엄마의 품에서 사랑과 안정을 느끼는 1~2세를 지나 3세가 되면 이때부터 아이는 아빠의 몸과 마음을 통해 세상 밖을 경험하고 배우기 시작한다. 아이는 이 세상 밖을 경험하고 배우는 창으로서 아빠의 존재와 역할이 중요하게 되는 것이다.

하지만 아빠 되는 법, 아버지 되는 법을 아빠도 그 아버지로부터 경험하지 못하고, 제도권 부모 교육도 받지 못한 생물학적 아빠와 아버지는 때론, 사랑하는 자식에게 아버지의 역할을 제대로 해내지 못하곤 한다. 이들은 자신의 아버지가 어머니를 사랑으로 대하고 어머니가 아버지를 존중으로 대하는 것을 지켜보고 경험했기보다, 두 분이 다투시는 것을 일상으로 보고 컸으며, 두 분 모두 서로 밉고 싫지만 "그놈의 정" 때문에 산다는 이유를 익히 알면서 커온 어른 남자아일 수 있다. 이 아이 같은 어른에게 예비부부 교육, 부부 교육, 부모 교육이라는 말은 생소하며, 아무런 정신적 육체적 준비 없이 결혼하고 덜컥 아이를 가지게 되면서 아빠, 아버지가 되었다. 그렇기에 자식에게 정말 서투르며 아이 키우는 방법에 대해 잘못 알고 있는 것들이 많아서 결국 소중한 자식에게 정서적으로 상처를 준다.

세상이 생소하고 무섭고 야박하게 보일지라도 아이들은 아빠의 목마를 타면서 이 세상이야말로 살 만한 곳이라는 경험을 느낄 수 있게 하는 것이 아빠, 아버지의 역할이지만, 어른 남자아이들은 오히려 아내와 협업하면서 자신의 아이들을 함께 키우는데 미숙하여 다투기도 하고, 결국에 아이들이 건강하게 커 가는 것을 방해한다. 이런 아빠, 엄마를 보는 아이들은 아빠와 엄마가 다투는 것을 자신의 탓으로 돌리고, 바깥 세계에 대한 호기심보다 두려움으로 웅크리게 된다. 나는 정말 어른 남자아이였고, 미숙하고 어리석은 아빠였다.

아빠로서 내가 가장 잘못한 것을 꼽자면, 사랑하는 자식과 안정적인 애착 관계를 만들지 못했다는 것이다. 애착은 가까운 사람들, 쉽게 말해서 부모와 지속되는 정서적 유대 관계를 말한다. 아이가 태어나서 엄마와는 세 살까지, 이후, 아빠와는 다섯 살까지 '안정적인 애착' 관계를 갖게 되면 아이들은 세상을 바라볼 때, 안전하고, 편안한 것으로 받아들이게 되고, 살아가면서 작은 굴곡에도 다시 일어나는 힘, 즉 자존감을 가진 존재로 세상을 살아갈 수 있게 된다.

나는 일이 많아서 바쁘다는 핑계로, 혹은 피곤하다는 이유로, 오래간만에 술 마셨다는 합리화로 아빠로서 내 아이와 즐겁게 많이 놀아주지도 않았고, 내 아이에게 책을 매일 읽어주지도 않았다. 정말 부끄럽게도 내 아이와 함께 세상을 봐주기는커녕, 미래 자식의 행복이라는 구실로 빡빡한 일정의 어린이집, 영어 유치원에 내 아이를 몰아세우고 종일 공부만 시키고, 육아는 엄마의 몫이라고 전가했고, 아이 문제가 발생하면 화만 냈던 나를 반성한다.

내 아이가 초등학교 1학년, 2학년일 때, 아빠로서 자상한 말로 귀하게 내 아이를 대하고 세상을 살아가는 모범적인 본보기가 돼야 했었는데, 내 아이에 대해, 나는 지시적인 언사로 몰아세우고, "안돼"라는 말과 "하지 마."라는 말로 대화를 시작했고, 칭찬보다 꾸중으로 내 자식을 대했던 나를 진심으로 후회한다.

지금, 돌아보면 내 아이가 원했던 것은 아빠가 자신의 감정을 헤아려주는 것이었다. 자신의 편에서 위로해 주는 것이었는데, 아빠라는 사람은 사랑하는 딸의 눈높이를 고려하지 않고 잘못만 지적하고, 나무라기만 했다. 아빠로서 딸에게 지지와 공감을 보내야 할 때, 아빠로서 아무것도 눈치 못 채고, 내 높이로 내 말만 했던 나, 내 아이는 얼마나 답답하고 야속

했을까? 아무 말 없이 울고 있던 아이를 더 닦달하고 상처 줬던 나, 정말 나는 바보 천치였다. 그 나이 때에 수학이 뭐가 중요하고 영어가 뭐가 중요하다고. 영어 유치원은 또 뭐였을까?

'아빠, 제대로 되는 법'을 공부하고 이제 알게 된 것이 있다. 아빠는 자기 자식에게 시간을 내서 아이들에게 즐거운 놀이터가 되고, 편안한 쉼터가 되고, 안전한 울타리가 되어야 했다는 것이다. 그때의 나는 아빠라는 가부장적 멍에로 자신의 무식을 가리고 자식에게 해야 할 의무를 엄마와 교육 시설에 전가했음을 고백한다. 내가 어렸을 적을 되돌아보니, 나 역시도 할아버지, 할머니로부터 받았던 따뜻한 것들이 잘 기억이 나지 않는 것도 고백한다.

내 자식이 어렸을 때, 아빠 노릇을 제대로 하지 못했지만, 고등학생으로 건강하게 자란 내 아이에게 지금은 독서를 통한 공부를 알려주는 아빠가 되고 싶다. 학교에서 하는 공부와 다르게 독서를 통한 공부는 어떻게 살아야 삶을 기쁘고 행복하게 살 수 있는지 알려주기 때문이다. 학교에서 알려주지 않은 이야기, 삶은 어떻게 살아야 하는지에 대해 독서를 통해서 우리는 알 수 있다. 나는 독서를 하면서 이제는 삶에 쫓기거나 치이지 않고, 내 삶을 꿈꾸고, 나를 준비할 수 있게 되었고, 나를 더 사랑하게 되었다. 나는 독서를 통해서 나를 설계하고 성장시킬 수 있었고, 나의 잘못을 고치고 있다. 이런 나의 모습과 경험을 내 사랑하는 딸에게 물려주고 알려주고 싶다.

부족한 아버지로서 내 딸에게 알려주고 싶은 책은 자기계발서이다. 이 자기계발서는 어떻게 자신을 변화시켜야 하는지, 왜 자신을 변화시켜야 하는지, 자신을 변화시켰을 때, 자신은 어떤 혜택을 얻고 성장할 수 있는지 잘 전달한다. 이런 자기 계발 도서는 한번 읽어보면 다른 책들도 거의 비슷한 말을 하고 있다는 것을 알게 되지만, 내가 어떻게 살아가야 하는지 실질적인 방법으로 도움을 준다. 아무런 생각이 없을 때, 나를 향한 세상이 차가울 때도 자기 계발 도서가 삶에 대한 자신감을 준다.

내가 자기 계발 관련 책을 보기 전까지, 학교에서 배운 지식으로 인간은 이성적인 동물이고, 이성적인 과정과 이성적인 결과를 도출할 수 있는 존재라고 순진하게 생각했었다. 하지만 나 자신이 실제로 겪으며 살아왔던 사회와 세상은 오히려 비이성적이고 비합리적으로 운영되고 있었고 삶은 정말 이상하고 피곤하단 느낌을 많이 받았다. 돈이 필요한 사람은 은행에서 돈을 빌리기가 더 어렵고, 착한 사람이 어리석다고 비난받고, 교과서에서 말하는 정의는 현실에서 찾기가 힘들고, 도움이 필요한 사람이 스스로 왜 도움이 필요한지 밝혀야 도움을 받을 수 있는 아이러니한 상황을 왕왕 보게 되었다. 정말 세상이 모순되고 재미없는 것 같았다.

하지만, 나는 자기 계발 도서를 읽으면서 삶에 대한 태도, 세상에 대한 나의 태도가 바뀌었다. 그리고 어떻게 살아야 성공할 수 있는지 책을 통해 알 수 있었고, 자기 계발 도서에서 제시된 성공의 방법을 따라 하기만 하면 나는 삶에서 성공할 수 있다고 확신을 주었기 때문에 더욱 빠져들었고 그 성공의 방법을 내 삶 속에 적용했다.

이러한 자기계발서들은 삶이란 살 가치가 있는 것이고, 가치가 있는 삶에서 성공하라고 말하고 있다. 우리가 사는 사회는 수많은 기회로 넘쳐나고 있다는 것이고, 아무리 우리 사회가 비이성적으로 돌아갈지라도, 오직 준비된 사람만이 쟁취할 수많은 기회가 넘쳐나 있다는 것이다. 즉, 내가 준비되어 있다면, 그 기회는 모두 다 내 것이 되는 것이 진정한 현실이라는 것이다.

자기계발서에서 제시하는 성공의 방법들을 통해 나는 삶의 목표를 정하고 나를 준비시켰다. 그리고 마침내, 다가오는 기회들을 성공으로 변화시켰고, 이제 나의 삶은 안정적이고 성공한 삶의 길로 나아가고 있다.

나의 삶에 대한 태도를 바꾸고 성장시켰던 성공의 방법 하나만 소개해 본다면. 바로 골든 룰, 즉 황금의 법칙이다. '내가 어떠한 대접을 받기 위해서, 그러한 대접을 먼저 상대방에게 하라'라는 성경의 말씀에서 이 황금의 법칙이 시작되었다. 이 법칙은 나의 소중함을 지키고 동시에 나와 함께 삶을 영위하는 사람들의 가치를 지키며 모두 다 함께 행복의 길로 가는 방법이다. 물론 내가 사업을 하는데, 큰 힘이 되는 성공의 첫 번째 법칙이기도 하다.

나는 사업을 하면서 어떠한 결과나 기대를 하지 않고 회사의 거래처나 상대방에게 먼저 무엇인가를 준다. 내가 원하는 대우, 방식, 도움 등등을 먼저 거래처나 상대방에게 주는 것이다. 준 것에 대해 보상을 기대하지 않았는데도 희한하게 10명의 사람 중에서 7~8명의 사람은 내가 준 양과 같거나 그 이상의 것들로 내게 다시 돌려준다.

사람들은 이기적인 존재로 보일 수 있지만, 사실은 한편으로 이타적이며 적어도 자신이 받게 된 도움보다 최소 같거나 그 이상으로 보답하는 아름다운 마음을 가진 존재라고 나는 확신한다. 다만 이기적인 면을 버리고 이타적인 면이 나올 수 있도록 서로 간의 장치가 필요한데, 그 장치가

성공의 법칙이라고 나는 생각한다. 이러한 성공의 법칙을 알려주는 자기
계발서를 내 아이가 읽고 황금의 법칙과 같은 성공의 방식을 주변의 사람
들에게 적용하여 사람들과 함께 즐거운 삶의 맛을 느끼기를 원한다. 이러
한 즐거운 삶의 맛이 하나씩 쌓이고 내 아이를 채워서 자신이 얼마나 멋
진 사람인지 알게 되면, 내 아이는 이 세상이 얼마나 살 만한지 느끼게 될
것이다. 책을 통한 이런 인식을 기초로 내 아이는 자신의 미래를 설계하
고 자신의 성장과 발전으로 나아가는 건강한 독립적인 존재가 될 것이다.
책을 통해 성장하는 세상의 모든 아빠들은 자식이 그렇게 커갈 수 있도록
옆에서 든든한 지원자가 되길 권한다.

나는 지금도 달라지고 있다

'삶'이란 무엇일까? 사르트르에 의하면 B(Birth)와 D(Death) 사이에서 우리는 끊임없이 C(Choice)를 선택하는 것이라고 한다. 따라서 어떻게 보면 가장 올바른 선택을 하는 것이 우리 삶에서 가장 중요하고, 선택을 잘하기 위해서 우리는 평생 배움의 길 위에 있다는 것을 부인할 수 없다.

그렇다면 삶에서 가장 올바른 선택을 할 수 있는 방법은 무엇일까? 혹자는 고등학교 다닐 때, 놀고 싶은 것, 하고 싶은 것들이 많았지만, 부모님께서 "지금은 참고, 대학교에 들어가서 맘껏 해라. 그리고 대학교에 가기만 하면 저절로 알게 되기 때문에 대학교 가서는 공부를 안 해도 된다."라는 말씀에 따라 대학교 때 누리게 될 자유를 기약하면서 고등학교에서 제공하는 지식에 자신을 몰입했던 때가 있었을 것이다.

하지만 우리는 학교 수업과 공부를 통해서 알았던 지식이 실제로 자신의 삶에서 중요한 선택을 해야 하는 시점에 별로 도움이 되지 않을 때가 많다는 것을 잘 알고 있다. 나 역시 대학교 때 첫사랑을 만나 사랑의 열병을 앓으면서 힘들어했을 때, 사회에 나와서 다른 사람들과 버둥거리면서 갈등할 때 등 올바른 판단과 선택을 하는 것이 힘들었고, 학교에서 배웠던 지식은 내게 그다지 도움이 되지 못했다. 대학 졸업 후 사회생활을 시작하면서 내가 겪었던 것은 한 가지의 정답보다는 오히려 다양한 해답이 있거나, 정답이 있지만, 비이성적이고 모순적인 상황으로 사람들이 정답을 정답이라고 말할 수 없을 때가 종종 있다는 것이다.

우리 삶 속에서 우리가 올바른 선택을 할 수 있도록 도움이 되는 지식과 지혜를 얻는 방식이 있을까? 내가 볼 때 크게 두 가지 방식이 있다. 첫 번째는 자신을 채우는 방식이다. 자신을 채운다는 것은 나 자신이 속한 환경의 새로운 요구를 파악해서 자신의 앎의 깊이를 더 깊게 하고, 자신의 깊은 앎을 통해 삶의 올바른 선택을 하는 것이다.

이렇게 자신을 채우는 방식으로 자신의 앎의 깊이를 두껍게 하여 지식과 지혜를 얻는 사람들은 자신이 성취한 지식을 통해서 타인들의 인정으로 쾌감을 얻기도 한다. 이 방식의 장점은 본인의 노력에 따라 필요한 지식을 빠르게 쌓아 올리고 깊이가 더해져 필요한 순간이 되면 바로 꺼내서 사용할 수 있어 사회에서 기회가 오면 그 기회를 자기 것으로 만들 수 있는 삶의 선택을 빠르게 할 수 있다.

예를 들자면 공부에 집중해서 국가 자격증을 따는 사람들, 또는 자기 계발 도서를 열독하고 읽은 것을 자신의 삶에 적용하는 사람들이 대표적이다. 하지만 이렇게 지식으로 자신을 채우려는 사람 중에 자신의 깊은 지식의 편협성에 빠져 지식을 계급화하여 자신이 대하는 사람을 내려다보는 사람들을 가끔 보게 된다.

이런 부류의 사람들은 삶의 선택 순간에 '어떤 책에서 뭐라고 그랬다, 그래서 내가 말한 방식이 옳다, 지금 말한 것은 내가 본 책에서 뭐라고 그랬다. 그래서 내가 옳다' 등등 자신의 깊은 생각이 더해진 견해보다 책의 권위와 책의 지시적인 내용에 전적으로 의지해서 자신의 주장을 앞세우는 경향이 많다.

이들은 앎의 속도는 빠를 수 있지만, 자신을 채우는 과정 중 자신을 채우는 지식에 대해 질문하고, 사고하고, 의심하며, 깨우치는 단계 즉, 자신을 성장하는 과정을 경험하지 않고 지식의 한계성으로 자신을 가두게 된다. 이러한 지식은 결국 자기 자신을 가두게 되기 때문에 본인이 경험하는 앎의 행복감을 느낄 확률이 낮다. 이들은 다른 사람들과 교감하고 소통하면서 자기 생각과 뜻을 발전시키며 깨닫기보다는 단순한 이해와 암기를 통해 교조적으로 자신을 내세우고, 자신을 합리화하며 종국에 거만함으로 주변 사람들에게 나쁜 인상을 주게 된다. 그리고 결국에 자신의 이익을 채우기 위한 사람으로 사람들에게 알려지게 될 것이다.

이들은 자신을 채우는 그 지식의 양이 아무리 많더라도, 자신의 변화와 성장으로 이어지지 않고, 자기만을 아는 '이기적인 앎'에서 벗어나지 못한 지식인들이 될 수도 있는 것이다. 결국에 이런 사람들은 도덕적이고 모범적인 모습을 보이기보다는 오히려 부패하고 이기적인 행동으로 지탄받게 되지 않을까 걱정도 된다. 또, 이들은 주변 사람들과 소통을 통한 교류는 적고, 자신이 채운 지식만이 옳다는 아집 속에 살면서 이들의 지식은 결국 행동하지 않는 머릿속 지식으로 묻히게 될 가능성이 크다. 이런 채우는 방식의 지식과 지혜는 우리가 올바른 선택을 하는 데 도움이 될 수 없다. 그렇다면 어떤 방식이 우리에게 진정으로 도움이 될까? 그건 바로바로 두 번째 방식이다.

두 번째 방식은 자신을 채웠다, 넣었다, 다시 비우는 방식이다. 노자는 이러한 방식을 '지식을 비우고 지혜를 얻는 방식'이라고 했다. 이렇게 자신을 채운 뒤 다시 비우는 방식이 바로 우리가 변화하고 성장하는 지식과 지혜를 얻는 방식이다.

16~17세기 유럽의 사람들은 과학혁명으로부터 과학이 절대적인 가치와 진리를 준다고 생각했다. 물론 지금도 과학이 절대적인 진리를 준다고 과학을 철칙처럼 믿는 사람들이 많다. 데카르트의 '나는 생각한다, 고로 존재한다.'라는 말은 인간만이 이성적인 존재이며 우주에서 신 다음의 존재로서 만물의 영장이라는 생각을 하게 했다. 과학이 절대적 지식이고 인간만이 이성적이라는 이러한 교만한 생각은 인간의 이기적 소유욕과 교만을 끝도 없이 증가시켰고 인간의 자연에 대한 수탈 및 착취를 정당화하였다. 이성적이고 과학적인 인간들은 자신들의 외모와 삶의 방식과 다르게 보이는 인간들을 인간이 아닌 노예로 소유하는 만행을 저질렀다. 그러한 인간들은 이성인 존재라고 자신을 포장하지만 아이러니하게 수백만, 수천만 명이 죽는 세계대전을 두 번씩이나 일으켰다. 현대 과학에서는 16~17세기의 데카르트의 역학은 터무니없고, 뉴턴의 절대적 물리학도 역시 더 이상 옳지 않음을 말해주고 있다. 뉴턴의 물리학은 아인슈타인의 상대성 이론으로 대체되고, 현재 양자 물리학은 과학 역시 절대적이지 않

다는 것을 여실히 보여준다.

　하지만 우리나라 사람 중에 과학은 절대적 진리가 아니라고 하면 얼마나 많은 사람이 손을 들고 지지해 줄까? 영국의 철학자 칼 레이먼드 포퍼의 반증주의에 의하면 과학을 통해 얻은 지식은 절대 불변의 진리가 아니며, 이러한 지식의 핵심은 반증 가능성에 있다는 것이다. 이 반증 가능성은 과학으로부터 얻은 모든 지식은 반증을 시도할 수 있으며, 이러한 반증을 통해서 기존 과학을 통해 얻은 지식의 오류를 밝히면서 잘못된 지식은 제거되고 이러한 과정이 반복되면서 과학은 진리에 더 가깝게 다가설 수 있다는 것이다. 즉 과학은 절대적이지 않고 절대적 지식을 지향하는 것이다. 바로 칼 레이먼드 포퍼의 반증주의가 자신을 채우고 비우는 방식의 단적인 예이다. 이렇게 꾸준히 변화하며 비우는 방식은 익숙함에 안주하지 않게 하고, 자신의 앎에 만족하지 않고 의구심을 갖게 만들고, 계속 생각해서 결론을 내리게 만든다.

　이렇게 자신을 변화시키는 방식은 자신과 즐거운 만남이라는 감정이 들어있다. 남들이 전혀 관심 없고, 당연시 여겼던 사과의 낙하에 의구심을 가졌던 뉴턴이나, 닭이 알을 품는 모습을 보고 직접 해본 에디슨이나, 온몸에 전율이 흐르는 새로운 깨달음에 '유레카'라고 외치며 목욕탕에서 벌거벗은 채로 뛰어나간 아르키메데스, 그들 모두 많은 사람이 당연시하고 편안하게 생각하는 익숙함에 안주하지 않았고, 자신의 경험 속에서 비우는 방식을 통해 지식과 지혜를 추구하였다. 이러한 방식을 통해서 이들은 자신과 직면하고 앎 속에 자신의 감정을 덧대어 지적 희열감으로 자신을 성장시킨 사람들이다.

그렇다면 우리는 어떻게 자신을 다르게 변화시키고 성장할 수 있을까? 그건 바로 독서를 통해서이다. 새로운 정보를 취하는 독서, 저자의 문장이나, 주장에 감동하고 동감하거나, 새로운 반론을 제기하는 독서, 깨닫게 된 것을 자신의 삶에 적용하는 독서, 기존에 읽었던 것과 반대되는 내용을 읽는 독서, 진리의 상대성을 인정하는 독서 등 우리는 꾸준한 독서를 통해 자신을 늘 비우도록 하고, 전례 없는 새로운 상황에도 여러 해답을 고려하며, 그중에서 가장 올바른 선택을 할 수 있게 된다.

우리는 남다르게 나를 성장시키는 독서를 해야 한다. 읽은 책에 대해 발문과 꿰뚫는 질문으로 정리하고 다른 사람들과 소통을 하면서 나의 독서의 경험과 다른 이들의 경험의 다름과 차이를 인정하고 존중할 때 나를 채우고 비우는 방식은 최고치에 이를 것이다. 이러한 독서를 할 때, 사람들은 지연과 혈연을 떠나고 특정 이데올로기에 자신을 함몰시키지 않으며, 진영논리에 빠지지 않고 어느 방향으로 가고 있든, 그 방향을 자유롭게 바꿀 수 있게 될 것이다. 나는 지금도 달라지고 있다.

제5장

책은 내 평생 학교이다

정선영

독서가 뇌를 젊게 만든다

영국 런던의 베테랑 택시 기사들의 해마(hippocampus)는 왜 큰 것일까? 런던 거리는 거미줄처럼 복잡하기로 유명하다. 지도에서 보면 골목길 표시가 있는데 찾아봐도 입구를 발견할 수 없는 경우가 허다하다. 하지만 런던의 택시 기사들은 남다른 운전 실력을 자랑한다. 내비게이션도 쓰지 않고 시내 골목골목을 기억해 내는 것이 신기할 정도다. 뇌를 지속해서 사용하면 기억과 학습을 담당하는 해마가 월등히 발달한다. 기억을 많이 할수록 새로운 신경세포가 생겨나기 때문이다. 해마의 신경세포 나이는 사람마다 다르고 신체 연령과도 일치하지 않는다. 노력 여하에 따라 나이가 들어도 뇌의 신경세포가 발달한다는 데서 그 이유를 찾는다.

나는 최근에 새로운 물건을 사기 전에 망설이는 버릇이 생겼다. 지난주에 꽃무늬 천으로 만든 자동 우산을 살 때도 그랬다. 우산을 어딘가에 놓고 잃어버릴 것 같은 우려 때문이었다. 깜빡하며 순간 기억이 사라져 낭패를 보는 일이 발생했던 까닭에 특히 들고 다니는 물건에 대해서 유독 민감해졌다. 다행인지 모르나 기억력이 갈수록 안 좋아진다는 고민이 나만의 것은 아닌 듯하다. 친구들과 대화를 나누면 일상의 기억에 관한 에피소드를 심심치 않게 듣는다. 휴대전화로 통화를 하면서 전화기를 찾는 어이없는 일들이 그것이다.

한 세기 동안 인간의 수명은 두 배 정도 늘어났다. 많은 학자는 수명이 더 늘어나 앞으로 인간이 백오십 세, 이백 세까지 장수할 것으로 전망하기도 한다. 우리나라도 백세 시대를 살고 있다. 누구도 가보지 않은 장수의 길을 우리 세대가 처음 가는 것이다. 백세 수명을 전제로 하면 나는 아직 살아갈 날이 반백 년이나 남았는데 가끔 머릿속의 단어들이 하나씩 사라지는 것을 경험한다. 이름이 기억나지 않아 지나가며 만난 동료의 이름을 부르지 못할 때가 있다. 자신의 이름을 기억하지 못하는 사실을 알면 좋을 리 없겠지만 기억 못 하는 내 기분도 좋지 않다. "이대로는 안 되겠다"는 우려의 목소리가 내면에서 울려왔다.

그 때문에 최근에 새로운 일을 시작했다. 5명의 동료가 한 팀이 되어 만든 독서클럽이 그것이다. 이름은 '미라클'–'독서를 통해 기적이 일어나길 바라는 마음'을 담아 미래로 나아가는 독서클럽의 글자를 조합하여 지었다. 책 읽는 도시, 인천을 만들려는 취지로 독서클럽을 지원하는 프로그램에 동참하기 위함이었다. 동료들에게 참가를 권유한 이유로 대표를 맡았다. 우리는 한 달에 두 번 책을 읽고 토론을 하기로 했다. 직장에서 바쁜 시간을 쪼개 모임을 하는 것에 급급한 것도 사실이었지만, 그렇다고 성과가 없는 것은 아니었다. 토론 모임에 참석하면서 다른 사람이 읽은 내용을 듣고 때로는 자신이 책을 읽은 것처럼 간접읽기가 되었다. 여느 때보다 공감을 쉽게 하는 것으로도 느껴졌다. 나중에는 동료들이 언급했던 내용이 담긴 페이지를 스스로 읽어보며 책 읽는 전염성을 보였다. 각자 관심을 가진 내용이 중복되며 반복이 주는 긍정 효과도 나타났다.

모임의 횟수가 누적될수록 다양한 생각 표현이 늘었다. 한 권의 책을 다 읽어야 한다는 부담 또한 사라졌다. 자유롭게 각자가 문장의 의미를 파악하고 이야기의 심층을 살펴 나갔다. 우리는 2주에 한 권씩 주기적인 읽기 활동을 통해 점차 독서에 집중하기 적합한 모습으로 변해갔다. 책에서 매력적인 문장을 만나고 새롭게 알게 된 내용에 만족하면서 편하게 생각을 나누는 모임이 되어갔다. 나는 그 시간이 은근히 기다려졌다. 그렇게 독서를 통해 토론에 몰입했다. 각자가 읽은 주제에서 마음의 안정감을 채워가는 것 같은 생각도 들었다.

실제로 독서가 뇌 연결망을 늘리는 데 영향을 준다는 연구 결과는 많다. 뇌영상기법으로 관찰한 것에 의하면 실제로 책을 통한 자극이 새 연결망을 만들어 기억과 사고에 영향을 준다고 밝혔다. 자주 쓰지 않는 뇌의 뉴런은 퇴화한다는 의미다. 나는 독서가 뇌를 젊게 만드는 이유를 두 가지로 들어보고자 한다.

책을 읽는 것은 뇌를 자극하여 강화하는 활동이 된다. 이미지와 다르게 텍스트는 상상력을 동반한다. 수스 박사는 많이 읽는 것이 두뇌 능력을 높일 수 있다고 했다. 정신적인 자극을 받으면 두뇌가 활성화된 상태를 유지하고, 독서를 하는 동안과 그 후 며칠 동안은 두뇌 연결이 증가하기 때문이라고 말했다. 〈허핑턴 포스트〉는 자극이 없는 상태에서 뇌 기능은 쇠퇴하지만, 두뇌 운동을 하면 32% 정도 정신이 쇠퇴하는 것을 낮출 수 있다고 보도했다. 규칙적인 읽기는 뇌에 운동을 제공하는 것과 같기 때문이다.

또한, 책 읽기는 인지 기능이 저하되는 것을 방지한다. 독서는 시냅스 생성을 도와 기억을 증진하고 사고의 발달에 영향을 끼친다. 기억력이 뛰어날수록 신경세포가 많이 생겨났다고 한다. 미국 신경과학회의 연구에 따르면 독서 활동을 통해 사람들과 만나 대화를 하면 기억력을 포함해서 인지 기능이 저하되는 비율이 30%나 줄어든다고 했다. 결국, 책을 읽는다는 것은 눈으로 들어오는 시각 정보를 처리하고, 언어를 이해하며, 고등 행동을 관장하는 뇌의 부위가 상호작용하도록 자극하는 활동인 까닭이다.

나는 뇌세포가 실제 나이보다 젊었으면 좋겠다는 바람이 있다. 요즘 사람들은 외형적으로 예전의 그 나이에 있었던 사람들과는 전혀 다른 모습이다. 예순이 넘었는데도 나이가 무색하게 동안인 사람들이 많고 그들은 비슷한 연령대에 비해 훨씬 젊어 보인다. 이제는 그저 오래 사는 것이 아니라 그 기간에 무엇을 하며 보낼 것인지를 고민해야 할 문제에 당면해있다. 운동으로 신체를 단련하는 것과 마찬가지로 뇌를 건강하게 유지 시키려는 계획과 소망이 삶의 질을 크게 좌우하게 될 것이다. 인체에서 유일하게 정신 활동을 담당하는 생물학적 기관인 뇌. 인간의 수명이 늘어나고 더욱 오랫동안 기능을 수행해야 하기에 뇌의 건강을 유지하려면 오래 사는 만큼 노력이 필요하다. 나이가 들면서 뇌 기능이 좋아지는 것은 뇌가 젊어지는 것과 다르지 않다.

독서는 뇌를 젊게 만들어준다. 메모나 달력 같은 기억의 도구에 도움 없이 일 년 전 오늘을 기억하는 사람이 얼마나 될까? 아니, 한 달 전에 일어난 일조차 기억하기 어려울지도 모른다. 흔히 기억하지 못하는 일은 어떤 도움도 되지 않는 것 같다고 생각한다. 기억하지 못하는 일들을 수없이 행하고 있지만 우리는 하루하루 일상을 반복하며 살아가고 있다. 아마도 어딘가 내 안에 있는 무수한 경험들이 나를 훑고 지나가 지금의 나를 만든 원료가 되었을 것이다. 잃어버릴 우산이라고 생각하면 예쁘고 좋은 우산을 사는 것을 잠시 망설이겠지만 결국 또 잃어버리는 일이 반복될지라도 새로 산다. 새로운 우산이 분명 비를 피하게 해주기 때문이다. 그처럼 읽은 책의 내용을 기억해 내지 못해도 나의 뇌를 자극하고 어딘가에 저장되어 정신의 자양분을 공급하고 있다. 나는 그와 같은 생각으로 책을 읽는다. 사는 동안 뇌가 온전히 기능하도록 읽은 내용이 잘 기억나지 않을지라도 독서를 계속할 것이다. 책 읽기가 계속되어야 하는 이유도 여기에 있다.

서점엔 커리큘럼이 없다

바르셀로나는 소매치기로 악명 높은 도시로 알려져 있다. 지인은 첫 번째 스페인 여행에서 가방을 털리지 않으려고 자물쇠는 물론이고 기차에는 탑승하지 않았다고 한다. 두 번째는 세미 패키지를 선택한다고 했다. 세미 패키지는 전용 버스로 이동하고 도시에 도착하면 원하는 곳으로 자유로이 여행할 수 있는 상품이다. 게다가 시간이 걸리는 예약까지 한 번에 완료했다며 좋아했다. 혼자 갔어도 여행자들과 자연스럽게 동행할 기회가 생기니 일거양득인 셈이라고 내게 추천했다.

짜여진 삶을 살더라도 틈틈이 자신에게 자유라는 소중한 가치를 선물하는 것은 중요하다. 자유는 자기가 가고 싶은 곳을 정하고 그 시간을 채우며 무언가를 스스로 만들어내는 창작의 과정이기 때문이다. 완전하지 않아도 포기하기에는 아쉽고 고민되는 문제를 대신 해결하는 세미 패키지를 활용하는 것도 나름의 자유를 누리는 장점이 된다.

언제부턴가 우리는 정해진 과정에 길들어가는 것 같은 생각이 든다. 짜인 대로 실행만 하면 많은 것을 이룰 수도 있다. 하지만 대부분 그 계획을 완벽히 해내지 못한다. 일정을 따라가지 못해 몸이 힘들 뿐 아니라 타인의 성취에 귀 기울이다 보면 마음마저 조급해진다. 자신은 아직 제자리걸음이라고 생각되어 좌절감에 빠지는 일도 생긴다. 정해진 것을 당연하게 느끼기보다 완벽하지 않아도 스스로 정해서 하게 되면 자유로워진다는 사실을 나는 요리에서 배웠다.

최근엔 요리하는 게 어렵다는 생각이 들지 않는다. 음식을 만들 때 우습게도 마치 요리사가 된 기분마저 든다. 같은 메뉴도 레시피를 달리하면 새로운 요리로 탄생했다. 나는 갈치 조림을 할 수 있을 것이란 생각은 한 번도 해본 적 없었다. 어시장에서 간간이 조개와 새우는 사지만 통통하게 살 오른 생선은 관심 밖이었다. 내륙에서 자란 탓에 익숙지 않은 재료인데다 레시피를 수없이 뒤적거렸음에도 결국 시도하지 못했다. 과도한 검색이 오히려 자신감을 떨어뜨렸다. 준비하는데 에너지를 모두 소진하고 정작 요리에 쓸 힘이 남지 않았다. 그런데 신기하게 시간이 지나자 갈치 조림을 만드는 일이 어렵지 않았다. 그동안의 시행착오가 헛된 게 아니었다. 완벽하게 준비하고 난 후 시작하겠다고 맘먹었을 때는 되지 않더니 편하게 간간이 요리책을 보기만 했는데 놀랍게 실력이 향상되었다. 시행착오를 겪고 오랜 시간 계속된 경험으로 인해 능력이 쌓이면 비로소 할 수 있는 게 많아진다는 것을 체험했다.

요리에 대한 의문이 생기면 찾은 곳은 서점이었다. 무엇보다 서점은 자유로웠다. 빈손으로 나간다고 눈치 주지 않았고 읽어야 할 책이 정해진 것도 아니라서 좋았다. 읽고 싶은 요리책을 마음대로 읽었다. 가끔 비닐 포장에 쌓여 표지만 봐야 했던 몇 권을 빼고는 말이다. 무엇을 읽을지 어떻게 시간을 보낼지는 오롯이 자신에게 달렸을 뿐이다. 책을 볼 시간을 늘리기 위해 한동안 약속 장소를 일부러 서점으로 잡을 때도 있었다. 좋은 사람을 만날 수 있어 기쁘고, 상대가 늦어지면 책이 친구가 되어주었다. 책을 계속 보고 싶다는 생각에 친구가 늦게 오는 것이 반가울 때도 있었다. 그뿐만이 아니다. 읽지 않아도 새로 나온 책을 구경하는 재미가 쏠쏠했다. 무슨 신간이 그리도 많은지. 매일 쏟아져 나오는 책이 수두룩했다. 너무 많아서 제목만 보기에도 시간이 모자랄 지경이었다. "책이 안 팔리면 저걸 다 어떻게 처리하나?" 하는 걱정스러운 생각이 들다가도 마음에 드는 책을 펼치기라도 하면 이내 작가의 세상으로 빠져들었다.

나는 책에서 〈요리〉를 알았다. 〈커뮤니케이션〉을 배우고, 〈아비투스〉를 만났다. 〈전쟁이라는 세계〉에 매료되었고 〈블록체인〉, 〈드레스 재봉〉같이 평소 관심 밖에 있던 의외의 주제에서 흥미를 느꼈다. 모두 학교에서는 배우지 않는 분야들이다. 서점에 가면 배울 것이 무궁무진하다. 너무 많아 탈이 될 정도다. 고민에 대한 답을 찾은 곳은 인터넷이란 정보의 바다에서만이 아니다. 두 해나 지속하는 코로나 19로 인해 온라인으로 듣는 연수가 일상이 되었다. 시간이 절약되고 이동 중에도 들을 수 있어 매우 편리하다. 여러 강좌를 수강하고 과정을 이수하기 또한 수월한 장점으로 인해 온라인 강의를 듣지만, 수업 후 피로도가 만만치 않았다. 정해진 시간에 줌으로 하는 강의에 참여한다고 해서 공부를 잘했다는 생각까지 들지는 않는다. 어쩌면 과정은 잊고 형식에 익숙해진 결과만 남은 탓일지도 모르겠다. 나는 아직 아날로그의 향수에 젖어 있다는 생각이 든다. 온라인이 주는 장점만큼이나 오프라인 서점에서 얻을 수 있는 혜택 또한 적지는 않다고 생각하는 걸 보면 말이다. 막상 자유가 주어지면 처음부터 주도적이지 못할 수 있다. 어쩌면 당연하다고 해도 과언이 아니다. 자유를 누리는 것이 생각만큼 쉽지 않기 때문이다. 그러나 읽을 책을 정하지 않아서 어려움이 따르고 시행착오가 생길지라도 서점에 자주 들르는 것만으로 얻어지는 이점이 많다. 나의 경험 중에서 서점이 주는 이로움으로 네 가지를 꼽고 싶다.

서점에서는 미지의 세계를 발견하는 기쁨을 느낀다. 수만 권의 책이 진열된 대형서점에서는 새로운 기대감으로 은근한 흥분이 일어난다. 베스트셀러나 스테디셀러 가판대에 놓인 이름있는 책은 흡사 드라마 주인공 같다. 스포트라이트를 받아 눈이 부시며 자태 또한 위풍당당해 보여 나도 모르게 시선이 머문다. 하지만 조명에 이끌려 시간을 지체하면 조연 분야를 둘러볼 시간이 없어진다. 그래서 미지의 세계를 탐험하듯 구석진, 사람들이 찾지 않는 귀퉁이에서 의외의 책을 애써 발견하는 기쁨을 즐긴다.

독서 동아리에 온 것 같은 동질감도 느낀다. 길거리에서, 지하철에서 책을 읽는 사람을 보기가 어렵다. 스마트 폰으로 글을 읽을 수도 있지만 나는 종이책으로 읽는 것을 좋아한다. 서점에 있는 사람들은 하나같이 종이책을 들고 있다. 주제가 같지 않아도 책을 좋아하고 독서라는 공통의 취미활동에 몰입한다. 운이 따르면 의자에 앉는 호사를 누리며 책을 읽을 수도 있다. 그러나 책장을 등받이 삼아 바닥에 자리하는 것도 나쁘지 않다. 게다가 옆에서 열심히 읽는 타인의 모습에 자극받아 덩달아 시간을 게을리 보내지 않게 된다. 어쨌거나 종이에 쓰인 글을 읽는 사람들을 보는 것에서 유난히 동질감을 감지한다.

읽고 싶은 책을 스스로 결정하는 일에서 주도성을 갖는다. 대형서점은 사람들이 읽을 책을 스스로 고르고 독서 활동이 자연스럽게 일어나는 곳이다. 모든 분야의 책들이 비치되어서 한 분야만 고집하지 않으면 다양한 분야를 경험할 수 있다. 내 선택에 따라 결정되는 영역이 넓어지고 호기심을 채우며 점차 스스로 판단하고 책임지는 삶으로 이어지게 되는 것이다. 서점에서는 선택 여하에 따라 누구도 아닌 자신의 인생을 주도적으로 살고, 정해진 일상에서도 나름 구속받지 않는 삶을 영위하는 연습이 가능하다.

세상 돌아가는 트렌드를 알 수 있다. 서점에 진열된 책을 둘러보면 그 시기에 많이 출간되는 제목을 통해 유행을 접하게 된다. 사람들이 좋아하는 분야나 관심 있는 주제가 무엇인지 한눈에 들어오기 때문이다. 인문학, 심리학, 경제학 등에서 회자하는 키워드로 시대의 흐름에 대한 안목을 키울 수 있어 좋다.

그곳은 정해진 일상에서처럼 구속받지 않으며 선택의 기회를 누리는 기쁨이 있다. 스스로 판단하고 결정하는 영역을 넓혀가며 책임지는 삶으로 이어지게 하는 깨달음이 시작되는 공간이기도 하다.

서점에는 커리큘럼이 없다. 커리큘럼이 없는 곳에서는 자신이 창조하는 주체가 된다. 주도적이지 않으면 예정된 일을 하는 것이 편할 수도 있다. 그러나 오늘날의 추세는 자기 주도성이다. 기존에 경험한 것과 다른 상황에 봉착했을 때 순간적인 대처와 자발적으로 삶을 이끌어 나가는 것을 의미한다. 지금까지는 답이 정해져 있는 문제를 해결하는 교육을 받았다. 애매하고 불확실한 상황을 경험하며 어떻게 판단해야 할지에 대한 방법을 생각해낼 기회는 많지 않았던 것이 사실이다. 이제는 커리큘럼이 없는 곳에서 자기 인생의 전체적인 체계를 만들고 생을 돌아보며 사유하는 시간을 늘려야 한다. 서점에 있는 책만큼 좋은 것이 있을까. 아이디어의 창고에서 보물을 얻는 행운은 찾는 사람의 몫이다.

책은 행복과 만족을 위한 사치다

　고등학교 때 처음 책을 산 곳이 중고책방이라니.

　학교 가는 버스를 타고 지나가며 보았던 사거리는 중고책방으로 가득했다. 호기심에 학교에서 돌아오는 길에 중고책방 거리에 내렸다. 낡고 바래진 책들이 빨간 노끈에 묶인 채로 상점 문밖으로 밀려 나와 있었다. 안으로 들어간 책방에서는 오래된 종이 냄새가 났다. 퀴퀴한 냄새와 어두운 조명은 밖으로 나가고 싶은 마음을 재촉했다. 빨리 나오려는 마음에 그나마 말끔해 보이는 책 한 권을 무심하게 집어 들었던 기억이 난다. 반쪽 얼굴이 빨갛게 웃고 있는 원색의 책 표지, 나는 그것을 오랜 시간이 지나고 동명의 원작 영화를 보고 나서 한참의 시간을 보낸 후에야 비로소 구매 당시의 상태 그대로인 채 책장 한구석에서 우연히 발견했다.

　갖고 싶은 것을 억눌러야 할 만큼 주머니 사정이 참으로 겸손했었던 그 시절에 그래도 책만큼은 사고 싶었다. 용돈이란 게 터무니없이 부족했지만, 장롱 깊숙이 숨겨놓았던 천 원짜리 지폐 몇 장을 꺼내 만지작거리며 무슨 책을 살까 생각하는 것만으로도 이미 마음은 부자가 된 것 같았다.

사치는 낭비의 다른 말이다. 보통 가진 것보다 필요 이상으로 지나치게 소비하는 것으로서 부정적인 이미지를 떠올리게 한다. 근검절약의 미덕은 과거나 지금이나 변함없지만, 절약만이 살길이었던 예전과의 차이점은 뚜렷하다. 안 쓰고 안 입는 것이 행복을 담보하는 일이 아니라는 것을, 우리는 매일을 살아가면서 순간순간 그날 누릴 수 있는 행복이 존재한다는 사실을 인식한다. 때에 따라 소비가 행복을 가져다준다는 사실을 알게 된 것이다. 부정적으로만 보아오던 것에서 개인의 소소한 행복 기능이 중요해졌다.

현대에 이르러 많고 적은 부로 인해 누릴 수 있는 큰 격차가 오히려 좁혀졌다는 생각이 든다. 가진 사람의 전유물이다시피 했던 해외여행이 웬만하면 누구나 갈 수 있게 된 것만 봐도 그렇다. 음식값이 조금 더 비싼 곳도 있지만, 비용을 덜 지불하고 비슷한 맛을 누릴 수 있는 곳이 많아졌다. 개인의 행복과 만족을 위한 수단이란 측면에서 사치가 긍정적으로 여겨지는 부분도 없지 않다.

단적인 예를 소비 트렌드에서 찾아볼 수 있다. '소확행'이란 단어가 대표적이다. '얼마 되지 않지만 확실한 행복'의 의미로 사회의 모습을 반영하는 신조어라는 것쯤은 쉽사리 알 수 있을 것이다. 소비함으로써 행복감을 얻는 작은 사치다. 실현이 불가한 꿈을 좇으며 힘들게 살기보다 일상에서 느낄 수 있는 실현 가능한 행복한 삶을 추구한다. 우리나라에서는 몇 해 전에 유행하기 시작했지만, 유럽에서는 이미 삶의 한 방식으로 자리 잡았다. 덴마크의 휘게(Hygge), 스웨덴의 라곰(Lagom), 프랑스의 오캄(au calme)이 그것이다. 휘게는 '따뜻함과 아늑함' 라곰은 '적지도 많지도 않다.' 오캄은 '한적하다.'는 의미가 있다. 의미하는 바를 세밀하게 분류하면 정서적인 면에 중점을 둔 삶의 방식이나 소박하게 공간을 채우기, 현실에서의 즐거움을 느끼는 것 등으로 나눌 수 있다. 그럼에도 이들의 공통점은 반복되는 생활에서 행복을 추구한다는 것에 있다.

다른 측면에서는 소비를 스트레스 해소 방법으로 보려는 심리적 관점이다. 소비의 중요한 동기 중 하나가 욕망 충족이라고 할 수 있다. 즐거움과 위로에 대한 욕망은 과시보다 강하다. 힘든 일을 하고 나서 보상을 받으려는 것과 같은 자연스러운 심리다. 특정한 행동에 따르는 보상은 이후에도 다른 측면에서의 어려운 일도 잘 해낼 가능성을 증가시킨다.

흥미롭게도 심리적인 관점에서의 소비를 이끌었던 단어들이 있다. 소비문화를 투영하며 유행한 '욜로', '탕진잼' 등의 단어가 두드러진다. 한 번뿐인 인생에서 자기 자신을 위한 소비를 아끼지 않으려는 심리이며 적은 금액으로 최대한의 만족을 얻기 위해 사용 가능한 돈을 모두 쓰는 재미들을 의미한다. 럭셔리한 브랜드의 사치품들이라기보다 소소한 생활 아이템이 대부분이다. 필요하지 않은 물건 구매에 씀씀이를 늘려 낭비하는 재미를 느끼고, 스트레스 해소용 쾌락을 우선하는 소비 방식이다. 대수롭지 않은 낭비를 극적으로 과장하고 일상의 유희를 누리는 게 현명하다는 인식이 심리 기저에 깔려 있다. 특히 '탕진잼'은 한 유명 웹툰에서 소개된 이후 웃프게 확대 재생산된 '낭비의 재미'를 비유하는 말이 되었다. 사람에 따라 인생을 살아가는 기준이 같지 않겠지만, 행복을 추구한다는 측면에서는 다르지 않다. 소확행이나 탕진잼은 나름대로 사치를 즐기는 방법이다. 공교롭게도 두 단어 모두 책으로부터 생겨난 후 재생산되었다. 한정된 범위에서 최대한 욕망의 순간을 만끽하며 생활의 균형을 유지하려는 현명함이 반영되었다고 하겠다. 더불어 바쁜 가운데 가질 수 있는 행복을 놓치지 않으려는 의지라고 볼 수 있다. 그것을 통해 내일의 불확실성을 이겨내려는 지혜가 아니었을까. 일과 삶이 조화로운 균형을 이루기 위해 대단한 것이든 사소한 것이든 자신을 행복하게 할 가치 있는 것에 투자하는 행동은 슬기롭다.

스스로 가치를 부여하며 만족도가 높은 당신의 사치는 무엇인가?

몽테뉴는 "독서만큼 값이 싸면서도 오랫동안 즐거움을 누릴 수 있는 것은 없다."는 명언을 남겼다. 단지 몇 분이라도 책 읽기에 투자하고, 두 주전에 읽은 내용이 잘 기억나지 않지만 짬을 내었던 일이며, 여러 가지 책을 골라 조금씩 돌려 읽는, 별 볼 일 없는 독서 행위조차 훌륭해 보이는 까닭은 책이 정신적 사치를 보여주는 상징물이기 때문이지 않을까 한다. 소비의 대상에는 물질적일 뿐 아니라 학문이나 예술 같은 정신적인 것도 포함되어 있다. 자신에게 유익한 방법을 선택하려는 보상작용이 나만의 작은 행복과 심리적 위안과 맞닿아 있다. 그러므로 마음을 사로잡는 책에서 자신을 잃어버리면 어떤 책이든 정신적 갈증을 풀어내는 방법으로 작용하는 것이리라. 소소한 행복과 내면의 가치를 느끼게 해주는 측면에서 볼 때, 나에게 책은 생계를 위한 일과 만족스러운 삶의 균형을 이어주는 핵심의 아이템이다.

　책은 나의 행복과 만족을 위한 사치 중에 하나다. 소확행을 누리는 방법이며 스트레스를 해소하는 탕진잼의 품목이다. 제목만 보고 골랐다가 실망도 하지만 기대 없이 펼친 책에서 의외의 만족을 경험했던 까닭에 여러 권을 구매해도 아무런 문제가 되지 않는다. 마음에 드는 책을 골라 꾸준히 읽기만 해도 변화가 일어난다는 것을 느낄 수 있다. 펼쳐진 페이지에서 영혼을 고양하는 문장을 만나 생기는 떨림과 감동은 온전히 나만의 것이기에 오늘도 한 권의 양식을 얻기 위해 순순히 지갑을 연다.

나를 사랑한 독자 심서경

'변함없는 사랑'은 크루시아의 꽃말이다. 내가 다니는 직장에는 '변함없는 사랑'을 품은 화분이 스물한 개 있다. 그것은 저마다 사람의 관심을 받으며 자란다. 보답처럼 사람이 머무르는 실내의 공기를 정화하고 초록의 싱그러움도 선물한다. 귀여운 둥근 잎을 가진 식물이 변하고 싶지 않은 무언가를 향한 마음이란 생각에 선물하기에도 좋았다. 크루시아와 같은 꽃말을 가진 식물은 뱅갈 고무나무, 백합, 리시안서스, 천일홍이다. 같은 꽃말을 가진 식물이 여럿 있다는 사실이 의외였다. 하나의 식물에 지나지 않았던 것에 의미를 두고 나서 크루시아는 내게 가치 있는 것이 되었다.

처음 스물한 개의 화분이 배달됐을 때는 앙증맞게 고루 작은 크기였다. 주변의 지인들에게 나눠준 후 6개월이 지나고 나서의 모습은 너무 달라져 있었다. 어떤 식물은 꼿꼿하고 훤칠하게 큰 모양이었고 또 어느 화분의 식물은 한눈에 보아도 오그라들어 자라지 못했다. 분양받아 키운 사람이 각기 달랐던 까닭에 식물의 모습 또한 천차만별이었다. 그래도 식물을 잘 성장하게 한 비결에는 꾸준함이 있었다.

그녀를 알게 된 것은 3년 전이다. 정기적인 인사이동이 한창이던 어느 날 그녀는 내가 있는 곳으로 전근해 왔다. 큰 키에 짧게 자른 머리가 인상적인 여자의 뒷모습을 보고 나서야 누군가 새로 왔다는 것을 알았다. 다른 층에서 일하면 서로 마주치는 일이 드물어서 며칠이 지나도록 일면식 없이 지내는 경우가 흔하다. 원피스 차림으로 허리를 세우고 또각또각 구두 소리를 내며 걷는 그녀가 절도있게 느껴졌다. 이틀 후 전체 직원회의에서 소개받고 나서 비로소 다른 부서로 배치된 경력 직원이었다는 사실을 알았다. 나이가 52세라는 것과 성격이 매우 깐깐하고 일을 잘한다는 개인 성향과 함께 국어를 전공했다는 등의 정보가 다른 사람을 통해 전달되었다. 소문에 어두운 나에게까지 들려온 것을 보면 이미 직장에 있는 모든 사람의 귀에 전해졌을 터였다.

나는 그즈음에 세 번째 책을 계획하는 중이었다. 자기계발서를 함께 써 보자는 제의를 받은 후 책을 쌓아놓고 필요한 목차를 구상하느라 여념이 없었다. 수많은 자료도 들춰보며 평일 업무 이후 시간과 주말의 대부분을 글쓰기 작업에 할애했다. 막상 시작하려니 글은 잘 써지지 않았다. 한 줄 쓰기를 반복하는 지루한 날들을 보냈다. 글감의 실마리가 잡힐 듯 말 듯하여 괜한 머리카락만 부여잡았다. 공저로 참여하는 작업이라 계획된 일정에 맞춰야 하는 부담이 있기 때문이었다. 차라리 자리를 박차고 일어나

밖으로 나갔더라면 머리라도 식혔을 텐데 의무감에 발목을 잡혀 그러지도 못했다. 나의 답답했던 상황이 그녀를 늦게 발견한 이유 중 하나였을 것이다.

붉은 장미가 계절을 알렸다. 잔인하게 아름다운 날은 햇빛마저 찬란했다. 나는 화단에 쪼그리고 앉아 잡초 사이에 하트모양의 클로버를 하릴없이 바라보았다. 작은 잎에 집중하는 일은 복잡한 머리를 쉬게 하는 나만의 방식이다. 그러다 네 잎 클로버를 여러 번 발견하게 되면서 습관으로 굳어졌다. 나는 두 개 챕터의 초고를 마무리하고 세 번째에서 난관에 봉착한 상태로 작업실을 나와 화단을 거니는 중이었다. 한동안 일거리가 많아서 야근하느라 책 작업에는 손을 댈 마땅한 시간을 내지 못했다. 주말은 밀린 잠을 보충하며 하루하루를 보냈다. 겨우 세 개의 장을 완성하고는 과부하가 걸린 듯 내가 쓴 글조차 읽기가 힘에 겨웠다. 마감까지 두 달여 기간이 남았지만 다섯 챕터의 수십 페이지 초고를 완성해서 수정하고 교정보며 탈고까지 하려면 빠듯한 일정이었다. 초고를 읽고 조언해줄 사람이 있다면 좋겠다고 생각했다.

시간은 빠르게 지나 여름이 되었다. 드디어 분량의 초고를 완성했다. 전문가 교정에 앞서 내가 쓴 문장이 어떤지 읽어줄 사람으로 잠시 국어를 전공했다는 그녀 '심서경'을 떠올렸다가 이내 머리를 흔들었다. 맞춤법도 틀린 초고는 민망하기 그지없다. 그런 데다 깐깐한 그녀의 독한 평가가 가슴을 에게 하지 않을까 하는 걱정이 앞서자 말할 엄두가 나지 않았다. 초고를 보여주는 것은 실수를 드러내는 것처럼 겸연쩍은 일이다. 마음속에서는 그녀가 적임자라는 사인을 계속해서 보냈지만 애써 외면했다. 마땅한 대안이 없자 그녀에게 자초지종을 설명했다. 아니나 다를까 날카로운 지적이 이어졌다. 문구 하나에서 조사와 어순에 대해 세세하게 수정사항을 쏟아놓았다. 선생님 앞에서 혼나는 학생 같다는 생각이 들었다. 일방적으로 훈계를 듣던 중학교 시절로 시간 이동을 한 것 같았다. 문득 떠오른 장면이 지금과 확연히 다르다는 것을 알면서도 또 다른 긴장감이 감돌았던 교실이 떠올랐다. 사십여 년 전 어느 날 '60여 명이 앉아 있는 교실에서 담임 선생님은 표독스러운 얼굴로 당신 반 학생의 따귀를 때리며 또래 학생들에게 저렇게 하면 혼난다는 것을 몸소 보여주는 듯한 일이 있었다. 누구도 예상하지 못한 상황에서 어떤 것도 떠올리지 못했고 공포에 떨었던 순간이었다. 당사자였던 학생의 심정이 이런 것이 아니었을까 하는 생각마저 들었다.' 어린 내게는 충격적인 사건이었다.

하지만 지금 나는 그 시절의 소녀가 아니다. 내 기분을 앞세우지 않기로 했다. 독자인 그녀가 어떤 생각도 할 수 있다고 여기기로 마음먹었다. 불안한 마음을 내려놓은 후 문장에만 초점을 맞췄다. 놀랍게도 그녀의 조언에서 실마리를 찾았다. 점차 문장이 매끄럽고 이해도 쉬웠다. 수치심은 사라지고 진심에서 우러나는 고마움이 자리 잡았다. 나는 완성된 글을 위해 계속 읽고 모든 챕터를 되새김질하며 고쳐나갔다. 그녀는 점차 글쓴이를 가까이에서 경험하고 작가의 부족한 부분을 꿰뚫어 보는 독자가 되어갔다. 그것은 글을 교정해주는 것이라기보다 아낌없는 응원이었고 글을 통해 성장하는 나를 만나게 해주었다. 물론 따뜻하다거나 다정함은 적었어도 그녀는 내 책을 혹평하며 걱정하고, 자신의 감정을 쏟아낼 열정이 있었다. 충만한 에너지가 아니면 그럴 수 없을 것이다. 남의 눈으로 내 글을 읽고 독자의 판단을 존중하며 내 감정의 잣대로 재지 않았던 까닭에 훌륭한 독자를 얻을 수 있었다.

그녀는 나의 글을 읽으며 성장했다고 한다. 나만 성장했다고 느꼈기에 그녀의 말은 뜻밖이었다. 이제 와 고백하듯 자신은 국문학을 전공했지만, 책을 쓰지 못했다며 내가 부러웠다는 것이다. 나는 글을 잘 보는 그녀가 부러웠다. 그러나 그녀는 조악한 글을 쓴 내가 부럽다니 새삼 다른 듯 같은 감정이 교차했다. 한 발짝 더 내 마음 가까이에 들어왔음을 깨달았다.

내가 원했던 것이 글을 나누며 감응해줄 사람이었던 것처럼 그녀가 책을 쓴다면 내가 첫 번째 독자가 되어주겠노라고 말했다. 작가가 되겠다는 절박함이 글을 열심히 쓰게 해줄 것이라고 나름의 진심 어린 격려도 해주었다. 아직 그 약속이 지켜지지 못했지만, 어느 날 그녀가 초고를 안고 꿈을 이루는 때가 오길 바랐다.

작가는 혼자 힘으로 성장하지는 못한다. 쓰는 시간은 혼자 누릴 수 있어도 누군가 읽어주지 않는 책은 독백에 불과하다. 글은 소통이어야 하기 때문이다. 내가 책을 완성할 수 있었던 것은 나를 사랑한 독자가 있었기 때문이다. 그녀는 내가 시작한 것을 완결하도록 수고를 담당했다. 읽고 안 읽고는 독자의 자유라서 강요하지는 못하지만 상호 간에 기대와 요구를 통해 작가와 독자는 동반 성장한다. 보는 시각이 달라져 예전에 봤던 책에서 당시에 읽었던 재미가 느껴지지 않는 독자나 첫 번째 책보다 두세 번 거듭되는 작품이 나아지는 작가라면 함께 발전했다고 볼 것이다. 기꺼이 독자가 되어준 심서경 씨는 출판되어 나온 책을 사서 사인을 해달라고 첫 페이지를 내밀어 내게 한없는 감동을 선물했다. 앞에서는 툴툴댔지만, 속 깊은 츤데레였다. 많은 독자보다 한 명의 충성 독자가 생겼다는 것에 더 감사했다. 덕분에 심서경 독자와 끈끈한 신뢰 관계가 구축되었다. 변함없는 사랑을 보여준 그녀를 보며 좋은 작가가 되기 위해 먼저 좋은 독자가 되어야겠다고 다짐했다.

쉬운 독서방식이 인생을 바꾼다

예전에 지인은 자신이 읽은 책이라며 내게 선물로 주었다. 새것을 선물이라고 생각하던 나는 쓰던 물건을 받은 후 당혹스러웠다. 손때가 묻은 그 책에는 페이지마다 그어진 줄이 선명하게 남아 있었다. 그는 자신이 읽지 않은 책을 주면 공감이 되지 않아서 "읽은 책 중에서 주는 것을 좋아한다."라고 했다. 책장에 보관하는 것보다 값진 일을 하는 것 같아 뿌듯하다는 말도 덧붙였다.

책장을 정리하다 생각할 거리를 주었던 인상적인 책들을 꺼내 보았다. 두고두고 보려고 그냥 두었던 것인데 나도 지인처럼 해보고 싶은 생각이 들었다. 책을 깨끗하게 읽는 습관 탓에 여전히 새 책 같아 보이는 두 권을 골라 친구에게 선물했다. "내가 읽은 책인데 너도 읽으면 좋을 것 같아서 보냈어." 의외로 친구는 그러냐며 기뻐했다. 같은 상황에서의 나의 반응과는 다르게 쿨한 친구를 보며 걱정을 내려놓았다. 오래전 지인의 말처럼 그대로 책장에 방치되는 것보다는 훨씬 가치 있는 일이라는 것을 알게 되었다. 내가 친 밑줄을 보며 친구도 그 문장에 줄을 긋고 싶은 마음인 것을 생각하고는 피식 웃었다고 했다. 그 말로 인해 친구에게 친밀감이 커졌고 대화도 더 풍부해졌다.

나는 요즘 책 읽는 방식이 무척 자유롭다. 여러 권의 책을 두고 번갈아 가며 읽는다. 하이퍼링크 하듯 좀 더 자세한 정보에 접근하는 까닭에 아는 깊이가 더해가는 것이 좋았다. 읽고 있는 책이 너덧 권은 기본이었다. 책을 바꿔가며 읽으면 산만해질 것 같지만 분야에 따라 다르게 접근하다 보면 매너리즘에 빠지지 않는다. 책은 첫 장부터 끝까지 모두 읽어야 한다는 생각을 왜 하게 되었는지 알 수 없다. 다만 기억이 나를 지배했고 나 또한 그래야 한다고 믿었다. 흥미가 없거나 지루한 부분이 나오면 책장이 잘 넘어가지 않아서 더 이상 읽기가 어려웠다. 그러나 책값이 아까워 언젠가 읽어야지 하는 마음으로 간직하게 된 책만 해도 셀수 없을 지경이다. 버리지 못한 책을 쌓아 두고는 이사 갈 때나 되어서야 한꺼번에 정리했다. 내 책장에는 여전히 읽지 못한 책이 한 질이나 된다. 더는 읽지 않는데 추억이 있는 책이라 쉽게 버리지도 못했다. 그러다 타인으로부터 자극을 받기라도 하면 뜬금없이 독서 계획을 세운다. 예를 들어 책 읽기를 통해 일 년에 몇 권씩 집필하는 유명 작가들이 나오는 영상을 보는 날엔 일주일에 한 권을 읽는다거나 정해진 권수를 목표로 책 읽기를 따라 하며 그들처럼 될 것 같은 야심 찬 작정을 한다. 그러다 지치면 오히려 책과 거리가 멀어져 한동안 안 보게 되었다. 목표를 염두에 두며 급하게 권수만 채우다가 무엇을 읽었는지조차 헷갈리기도 했다. 제목은 알겠는데 내용이 생각나지 않았다. 여럿이 마구 섞여 이야기를 제대로 엮어내지도 못했다. 직장에 다니면서 마음만 앞세운 그들 따라 하기가 여간 벅찬 게 아니었다. 잘할 거라는 부담감은 큰 반면 효율은 떨어졌다. 누군가에게 보여주는 것도 아니고 몇 권 읽었다고 자랑할 일도 아니다. 책을 몇 권 읽었는지보다 그 책에서 무엇을 깨닫고 얼마나 자기 것으로 적용하는지가 중요하다. 결국, 무작정 따라 하기보다 진정한 읽기를 통해 성장시키는 것을 선택했다. 사유와 흥미 없는 글 읽기는 하지 않을 거라고 편하게 마음먹었다. 책을 한 달에 한 권 읽을 때도 있고 석 달에 한 권 읽는 경우도 생기면서 새롭게 읽는 즐거움에 빠졌다. 침대 머리맡에 두고 잠자기 전에 몇 페이지씩 읽거나 종일 손에 책을 잡는 날도 있었다. 누워서 보기도 하고 앉아서 봐도 좋았다. 누구를 기다리거나 미용실에서 머리하는 동안 자투리 시간으로 사용하기에는 더욱 좋았다. 내 맘대로 내 방식으로 하다 보니 손에 책이 들려있는 일이 많아졌다. 그런 나 자신의 모습이 마음에 들었다. 소소하지만 확실한 행복을 느꼈다.

어제는 전에 읽었던 책을 다시 집어 들었다. 이 책이야말로 여러 번 읽으며 체화하려는 책이다. 느슨해지는 자신을 다잡기에도 제격이다. 이렇게 한 권의 책을 시간을 두고 여러 번 반복하는 책 읽기는 온전히 기억할 만큼 제대로 내 것으로 만드는 방법이다. 이것저것 급하게 눈으로 스캔하기보다 천천히 씹어서 소화를 잘 시키면 책이 내 몸과 마음을 건강하게 만드는 음식과도 같다.

독서에는 여러 방법이 있다. 처음부터 끝까지 읽어내는 것도 한 방법이다. 읽기 싫은 부분을 이겨내며 힘들게 완독하는 것이다. 반면에 읽고 싶은 부분만 골라서 읽는 방법도 있다. 여러 권을 번갈아 가며 함께 읽는 것도 한 방법이다. 전자책도 있지만 나는 종이책을 좋아한다. 책장을 넘기는 동작이 마음에 들기 때문이다. 모니터에서 보기보다 프린트를 해서 종이에 적힌 활자 보기를 즐긴다. 이도 저도 어려우면 오디오북도 괜찮은 것 같다. 눈을 감고 내레이터가 읽는 상상의 세계에서, 즐겁게 들을 수도 있기 때문이다.

언젠가 라디오 방송에서 인터뷰한 적이 있다. 진행자는 공부하지 않는 아이들이 책을 읽게 할 방법을 물었다. 나는 경험을 살려 이렇게 대답했었다.

"아이들에게 독서를 권하는 어른들은 자신이 읽지도 않은 책을 권유하곤 합니다. 또한 읽히고 싶은 책을 어른이 먼저 정하거나 고전이 좋다고 강조하지요. 그러나 정작 아이들이 관심 있고 흥미를 느끼는 것이 무엇인지는 알지 못합니다. 그것이 더 중요한데 말이에요. 정보를 얻기 위한 노력이 책으로 연결되면 좋은 것입니다. 책을 주면서 읽으라고 하기보다 읽을 수 있게 동기를 유발하는 것이 필요합니다. 게임이 좋으면 게임 관련 책을 읽으면 좋습니다. 일본 만화를 보면서 지식을 스스로 개발하는 방향으로 독서 활동을 하게 이끌어주는 것 또한 중요한 일입니다. 함께 보면서 마음에 드는 장을 선택하게 하는 것도 방법입니다. 재밌는 꼭지만 읽는 것도 한 방법입니다. 아니면 어른이 먼저 3장을 읽고 공부를 잘하는 세

가지 방법을 말하고 아이가 책을 읽으며 그 세 가지를 찾아보게 하는 것
도 좋습니다. 학교에서도 책에서 흥미를 찾을 기회를 지속해서 제공하는
것이 필요합니다. 책을 매개로 이야기를 꾸미고 연극을 하고 책을 의미
있는 것으로 읽어낼 수 있도록 격려와 보상도 도움이 됩니다."

　나는 유명인들의 말을 따라 실천하는 것도 좋으나 나이와 관계없이 책
읽는 즐거움을 느끼려면 쉬운 독서가 우선 되어야 한다고 생각한다. 나
는 누구나 할 수 있는 쉬운 독서를 위해 다음과 같은 방식을 선택했다.

　‥페이지가 잘 넘어가는 책을 읽자
　‥책을 여기저기 놓아두고 보자
　‥혼자 읽기보다 함께 읽는 공간을 만들자
　‥읽기 어려운 책은 나중에 읽자
　‥목차에서 읽고 싶은 챕터를 먼저 읽자
　‥인상적인 문장에 밑줄을 그어보자
　‥당장 활용할 수 있는 쉬운 말로 바꿔보자

　나는 쉰이 넘어 예전과 달리 쉬운 독서방식으로 책 읽기를 했다. 시간
이 지나면 양적으로도 충분해지겠지만 책 읽기는 의미 있는 일이 돼야 오
래 읽을 수 있다. 공부하는 데 있어 반복 학습이 기억에 오래 남아 있는 것
처럼 책 읽기도 반복해서 읽을 때 비로소 내 몸에 체화된다. 자연스럽게
말로, 몸으로 드러나는 것을 체감한다. 대인관계를 잘하는 방법이 수록된
책에서 인식하기에 대한 글을 많이 접했다. 그들의 조언에서 아이디어를

얻어 일상에 적용한 덕분에 소소한 갈등이 생길 때면 최소한 내가 무엇이 잘 안 되는지를 빨리 알아차린다. 반복하다가 어느 순간 자동적으로 알아차림이 되는 자신을 발견하는 경험은 꽤 큰 만족을 가져왔다. 더 좋게 변화하려는 마음으로 인해 책 읽는 삶을 살아가려는 동기를 보상처럼 누리고 있다. 이제부터라도 자신만의 방식으로 쉽고 재밌고 편하게 읽자.

다시 읽기를 하면 놀라움을 경험한다

이제는 다단계 삶이다. 수명이 짧았던 시절엔 한번 배운 지식과 기술은 평생을 담보하며 재투자 없이도 직업 활동을 지속할 수 있었다. 이제는 여러 단계의 삶을 살게 된다. 세 번째 삶, 서드 라이프의 시대다. 긴 인생살이는 교육과 취업, 퇴직의 단계가 한 번으로 끝나지 않는다. 재교육과 재취업의 과정을 여러 번 경험하게 할 것이다. 서로 다른 두세 개의 직업을 가진 사람들도 이미 많다. 나 역시 한 가지 일만 하며 살지 않는다. 책을 쓰고 학생을 가르치며 아이들을 상담한다. 매일 보는 자신이지만 매번 새로운 발견을 하게 되는 것은 배움이 가져온 결실이다. 앞으로는 자신의 시간을 재창조에 투자하고 변화가 가져오는 기회를 맞이할 준비를 해야한다. 한 번으로는 부족하다.

다시 읽는 책은 빨리 넘어갈 거로 생각했다. 가볍게 읽힐 것이란 기대와 달리 속도가 더뎠다. 책을 다시 읽으면서 마음에 들어오는 글귀들이 많은 까닭에 어떤 페이지는 넘기질 못할 정도였다. 이전에 남긴 메모보다 새로운 문장들이 눈에 들어왔고 도움이 되는 내용도 달라졌다. 최근에 인간관계에 관한 책을 다시 읽었다. 자신을 발견하고 타인과 소통을 잘 이루고자 하는 현대인들에게 더욱 필요한 덕목이란 생각과 업무에 적합한 내용이었기 때문이다. 처음 읽기 때는 호기심을 채우느라 단숨에 읽어 내려갔다. 생각해야 할 부분을 건너뛰어도 이해가 되었다. 끝까지 무슨 내용으로 채워져 있는지가 궁금해서 읽는 데 급급했다고 해도 과언이 아니다. 책장을 덮고 나서 반추했을 때 기억나는 것이 많지 않았다. 그래도 괜찮은 책이라고 평가하고 다음에 한 번 더 읽을 것을 기약하며 책꽂이에 가지런히 꽂아 두었었다.

많은 경우 보관한 책을 다시 꺼내는 일은 드물다. 새로운 책을 접하기도 바쁜 세상에 읽은 책을 다시 읽기는 쉽지 않은 게 사실이다. 그런데도 읽어야 할 책이라면 다시 읽을 때는 처음 생각과 달리 속도는 중요하지 않은 것 같다. 메모만 확인하거나 밑줄 부분만 읽는 것으로 얼마든 조절할 수 있기 때문이다. 이해할 수 없었던 것을 이해하게 되면서 제대로 사는 방법을 알아가는 듯한 희망을 보았다. 재해석을 통해 내 것으로 삼아 머리에, 가슴에 담아내며 충만함을 느꼈다. 마치 꿈속에서 노다지를 발견하는 기쁨이 이런 것이 아니었을까 생각한다.

한동안 나는 잠에서 같은 꿈을 꾸었던 적이 있다. 모래 속에서 환하게 빛나는 동전들을 줍는 꿈. 오백 원짜리만 한 동전인 것으로 기억되는, 한

없이 주워도 끝도 없이 깔린 동전으로 인해 옷의 양쪽 주머니는 터질 듯했다. 아직 줍지 못한 많은 동전을 남겨두고 잠에서 깨어나야 했던 그때를 생각나게 한다. 다시 읽는 책은 꿈을 이어가듯 남겨진 동전이 되어 내게 보물 같은 문장들을 보여주었다. 세 번째 읽기에 들어서야 비로소 정리 속도가 빨라지고 체화되는 시간이 짧아졌다. 가볍게 페이지를 넘겼을 뿐인데 변화하는 자신을 생각하면 다시 읽기가 얼마나 중요한지를 새삼 깨닫는다.

읽었던 책을 꺼내 다시 읽는 것은 즐거운 일이다. 나의 즐거움은 크게 세 가지를 꼽는다.

첫째는 기존에 이해하지 못하고 넘긴 부분을 이해하게 된다는 점이다. 처음엔 핵심 부분에만 몰입했다면 두세 번 반복으로 다시 경험하기 때문에 좀 더 깊이 이해하게 된다. 꼭 그래야 하는 것은 아니지만 내 나름대로는 전체 구성을 눈에 보이듯 이미지화하는 것에서 앎의 기쁨을 느낀다. 인생사가 그렇듯이 같은 문장에서 전혀 다른 의미를 발견하게 되는 경험을 한다. 알게 되는 것에서 오는 즐거움은 놓칠 수 없다. 모르는 사이 생각의 폭이 넓어지고 다양한 사고가 가능해진 자신을 알아차리게 되는 놀라운 성숙이다. 내면까지 깊은 통찰로 물들고 있다는 증거다.

둘째는 미처 발견하지 못한 문장을 새롭게 발견할 수 있다는 점이다. 새로운 문장을 만나는 것은 다시 읽기를 하기 때문이다. 나는 다시 읽기를 통해 주인공의 다른 면도 찾아냈다. 처음 읽기에서 내내 어둡고 죽음을 생각하는 존재로 인식되어 매우 불편하고 어려웠던 기억만 가지고 있었다면 다시 읽기 장점을 고백하지 못했을 것이다. 줄을 치고 별을 표시하고 메모하면서 놓치지 않으려고 애썼던 탓일까? 아마도 몰랐던 의미를 깨닫고 이전과 달리 생각하려고 노력한 결과일 것이다. 발견의 기쁨은 자신만의 것이라 굳이 강조하지 않아도 스스로 알게 된다. 같은 책인데 처지가 다른 두 가지 버전이란 착각이 들 만큼 새로운 교훈과 차별되는 감동은 어제의 내 모습으로부터 성장을 끌어낸다.

셋째는 타인의 글에서 좋은 글감을 얻는다는 점이다. 글에 대한 공감은 자신의 기억을 상기하게 만들고 나만의 글로 재탄생한다. 그렇게 만들어진 이야기들은 내 책을 완성하는 재료로 쓰인다. 많이 느끼고 발견할수록 내재한 경험이 기억 위로 떠오른다. 다시 읽기가 신간만큼이나 기대되는 이유다. 책을 읽고 배우려는 목적에 자신의 인생을 업그레이드하려는 기대 또한 포함된다. 아낌없이 투자하고 혼자만의 것으로 담아두기보다 여러 사람에게 알리고 공유하는 공부가 더 재밌고 의미도 있다. 글을 모아 책을 쓰는 일은 진주를 품은 조개처럼 고통스러움과 가치 있음을 동시에 느끼게 한다. 그럼에도 다시 품기를 자처하는 것은 고통보다 결실의 가치가 더 크기 때문이다.

이외에도 장점은 수없이 많다. 사람마다 책을 이해하는 방법이 달라서 같은 책을 읽어도 폭넓은 해석이 나오는 까닭에 자발적인 다시 읽기에서는 문장을 읽어내는 실력도 늘어난다. 비장하게 읽히기도 하고 예쁜 감정으로 읽을 수도 있다. 내려가는 길에서 올라갈 때 보지 못한 앙증맞은 식물을 발견하고는 그냥 지나쳐 버렸으면 어쩔 뻔했나 하는 아찔한 생각을 가진 기억이 있다. 다시 읽기처럼 관심을 가져야 발견할 수 있다. 발견은 찾아내는 것이라 의도적이란 의미가 포함되어 있다. 따라서 누구의 말처럼 보려고 할 때만 보이고, 자세히 보아야 예쁘다.

　다시 읽으면 곳곳에서 놀라움을 발견하게 된다. 내게 있어 다시 읽기는 멈춤이다. 가던 길에 잠시 멈춰서 질문하고 바라본다. 책도 여유를 가지고 살피는 성찰이 필요하다. 다시 읽기가 귀중한 것은 미처 발견하지 못한 더 중요한 것이 있기 때문이다. 올라가 본 사람만이 내려갈 수 있듯 처음이 있었기에 두세 번 읽기가 가능한 것과 같다. 어찌 보면 목적한 바를 이루기 위해 앞만 보고 올라갈 때보다 내려갈 때 비로소 눈에 보이는 것이 많은 게 세상의 이치일지 모른다. 놀라운 경험은 다시 읽기가 주는 선물이다. 이제라도 기억을 더듬어 다시 읽을 만한 책을 떠올려 보는 것은 어떨까. 반복해서 읽을 가치가 있는 책을 손에 쥐는 것은 행복한 일이다. 바쁜 일상에서 시간을 쪼개 읽는 것으로 행복을 느끼고 놀라움을 경험한다면 도전해 볼 만하지 않을까!

제6장

조금씩 읽어도 삶을 바꾼다

나애정

읽을 때마다 배운다

아침마다 빠지지 않고 하는 것이 독서이다. 나는 짧게라도 읽자고 노력한다. 하지만 흔들릴 때가 많다. 오늘 아침에도 잠시 고민했다. '아, 글도 써야 하는데, 독서는 생략할까'라고 매번 유혹이 생긴다. 그럴 때마다 내가 하는 일은 실천계획을 메모하는 것이다. 아주 간단히 기록한다.

현재 시각 : 06:40
독서 시간 : 06:40~06:50 (10분)
1꼭지 글쓰기 : 07:00~07:40 (40분)

요렇게 적고 나면, 행동에 발동이 걸린다. 특히, 독서에 있어서 그렇다. 단 10분 계획이 마음을 편하게 한다. '그래, 10분이면 금방 할 수 있어. 고민하는 사이에 읽자'고 생각하면서 책을 펼친다. 10분 독서, 10분 읽어야 무슨 도움이 될까?'라고 생각할 수도 있겠지만, 아니다. 흔히 할 수 있는 착각이다. 내 삶에 가장 부정적인 영향을 줄 잘못된 생각이다. 10분 독서로도 배우고 결심하며 각오하는 시간으로 충분해서 삶의 혁신을 일으킬 수 있다. 결국, 짧은 독서라도 읽을 때마다 매번 배워 삶이 변화하고 인생이 바뀐다.

'부'에 대한 책을 읽어보면 부자처럼 생각하고 행동한다면 부자가 될 수 있다고 강조한다. 부자의 사고와 행동이 하나의 원인이 되어 부자라는 결과를 가져오는데, 그것이 과학적인 결론이라는 것이다. 공감한다. 나는 어떤 성과를 달성하는데도 그 성과를 끌어내는 합리적인 원인이 있다고 생각한다. 합리적인 원인이 되는 사고와 행동을 했을 때, 부자가 되듯이 원하는 결과를 얻을 수 있다고 여긴다. 부정적인 결과는 부정적인 원인이 있었기 때문이라고 같은 논리로 생각할 수 있다.

실패를 암시하는 말 자체는 내뱉지 말아야 한다고 평상시 나는 생각한다. 부자가 되는 원리처럼 말대로 결과가 만들어진다. 사람은 자신의 말에 지배당하는 경우가 많다. 긍정적인 말이든 부정적인 말이든, 한번 뱉은 말들은 나의 시간, 나의 일상, 나의 삶에 영향을 미친다. 주말에는 아이들과 함께하는 시간이 많다. 같이 하는 시간이 많은 만큼 다양한 일들이 일어난다. 화를 내는 경우도 많아진다. 아들은 스마트폰이나 노트북, TV, 등 기계들만 가지고 논다. 노트북 유튜브를 보다가 잔소리를 하면, 다시 TV 방으로 건너가서 TV를 본다. "라바"를 틀어놓고 깔깔거리면서 좋아서 죽는다. 깔깔거리는 소리도 이때는 거슬린다. 결국, 나의 인내는 한계점을 찍고 조용한 잔소리를 넘어 폭풍, 벼락, 우박과 같은 화를 토해낸다. 아들은 잠시 주춤하다가 엄마의 모습에 대답하는 둥, 마는 둥 한다. 이 모습에 더 화가 끓어올라 심한 말들을 쏟아붓는다. "대체 너는 뭐 하는 아이야?, 기계 없이 보내는 시간이 얼마나 되는지 봐라, 아침부터 지금까지 눈 뜨고 있는 동안 혼자 있는 시간이 있었냐?, 단세포처럼 그렇게 살래?", 화가 난 상태에서 부정적인 말들을 끝도 없이 쏟아낸다. 이렇게 하고 나면, 속이 시원해야 하는데 그렇지 않다. 말을 안 한 것보다 못한 결과를 얻는다. 아들은 결국, 우울한 표정이 되고, 나 또한 기분이 상하고 에너지가 바닥인 상태가 된다.

다시금, 말을 조심하자고 결심했다. 누구나 알고 있는 내용이지만, 다시 읽음으로써 나는 각오를 하는 시간을 갖는다. 그래서 독서가 좋다. 새로운 문구는 새로운 깨달음을 안겨주고, 일상적이고 평범한 내용일지라도 행동을 하게 만드는 결심을 한 번 더 하는 기회를 준다. 짧게라도 매일 읽어야 할 이유이다.

나는 기차여행을 할 때, 기차 안에서 읽을 책을 따로 챙긴다. 얼마 전 친정어머니가 계시는 김천을 찾았다. 내가 태어나고 고등학교까지 다닌 이곳, 나의 고향이다. 어머니는 혼자서 그곳에 계신다. 어머님을 찾을 때마다 어린 시절 뛰어놀고 다닌 곳곳의 골목들이 마음을 풍요롭게 한다. 삶의 에너지를 충전하는 느낌이다. 그런 김천 나들이, 코로나19 팬데믹으로 한동안 가지 못하다가 이제는 미루지 말자고 다녀왔다. 어머니를 만나는 설렘 이상으로 기차 안에서 읽을 책을 선택하는 순간 나는 행복해졌다. 이번에는 미리 사두고 읽지 못한 책 하나를 선택했다.

기차 안에서 책을 읽으면 좋은 점이 2가지가 있다. 아이 둘을 데리고 가자니 기차에 올라타면 피로감이 몰려와 생각만큼 많이 읽지는 못하더라도 데드라인을 확실히 가질 수 있다는 것이다. 기차여행의 시작점과 종착점은 확실하다. 더 읽고 싶어도 도착지에 이르는 순간 책을 덮어야 한다. 데드라인의 효과는 바로 집중도를 높여주는 것이다. 또 다른 특별함은 기차 안의 소음이 책 속으로 더 빠져들게 만든다는 것이다. 그래서 이런 특별함 때문에 잠깐이라도 〈기차 안 독서〉를 할 수 있다. '행신'에서 '김천'까지 가는 동안, 책 1권을 읽고 내릴 때도 있다. 어머님과의 만남에 대한 기대와 책 1권 읽은 만족감이 합쳐져 최고의 여행이 된다.

기차에서 읽은 책은 잠재의식에 관한 책이다. 잠재의식의 중요성을 강조하고 있다. 평상시에는 보통 잘 인지하지 못하는 잠재의식, 이 잠재의식이 우리가 소망하는 많은 것들을 현실로 만들게 한다. 이 잠재의식의 존재에 대해서 알고 활용한다면 나의 꿈과 목표를 좀 더 쉽게 달성할 수 있다. 나는 평상시 잠재의식의 가치를 느끼고 있었기 때문에 이 부분에 더욱 마음이 갔다. 대부분 다른 의식 책에서도 잠재의식의 활용 방법을 설명한다. 잠재의식은 우리의 능력 밖의 존재라고 여겼는데, 사실은 그렇지 않다고 한다. 의식처럼, 잠재의식도 얼마든지 우리의 의지대로 움직일 수 있다. 다시 한번 더 나는 나의 인생 목표를 생각하고 잠재의식 활용에 대한 의지를 다져보았다.

책을 읽을 때마다 나는 배운다. 시간도, 장소도 중요하지 않다. 잠시 잠깐 읽어도 된다. 전혀 읽을 수 없을 것 같은 장소에서도 책을 펼쳐 한 문장이라도 본다면 새로운 다짐, 새로운 변화의 계기가 될 수 있다. 독서에 부담을 느끼지 말자. 독서가 가장 평범하고 일상적인 일들이 되게 하자. 공부하듯이 굳은 마음으로 읽을 필요는 없다. 여러 번 읽다 보면 나에게 가장 소중한 한 구절을 발견하게 된다. 그 순간이 언제 찾아올지 아무도 모른다. 잠깐 들여다본 문장에서 번개 치듯 뇌리에 박히는 문장을 만나 배움과 새로운 아이디어로 연결될 수도 있다. 특별함을 거두고 지극히 평범한 일처럼 읽는다면 매일 배움이 올 수 있다는 사실, 그 배움이 성장, 삶의 변화로 이어진다는 사실을 기억하며, 독서, 그냥 세끼 밥 먹듯이 아무렇지 않게 해보길 권한다.

배운 것을 실천한다

초등 5학년생 딸과 함께 요즘 배드민턴을 배우러 다닌다. 학교가 가기 싫다는 딸아이를 위해 무엇을 할까? 고민하다가 운동을 생각했다. 운동은 마음에 생긴 부정적인 찌꺼기들을 날려버리기에 아주 좋은 방법이다. 딸은 처음에 싫어하다가 배드민턴을 치면서 운동이 좋아졌다고 말한다.

배드민턴은 10분 레슨을 받는다. 반대쪽 네트에서 코치는 쉴 새 없이 공을 던져준다. 이쪽으로 저쪽으로 최대한 많이 움직일 수 있도록 기계처럼 반복해서 던져준다. 그 공을 받아내고 레슨이 끝날 때쯤에는 샤워한 듯 땀으로 범벅이 된다. 딸아이는 스케이트에서 느끼지 못한 땀 흘림의 쾌감을 배드민턴에서 경험했다. 1주일에 2~3번 치는 배드민턴 레슨을 딸은 기다린다. 딸 덕분에 나도 배드민턴을 시작했고, 나 역시 재미있게 배우고 있다.

운동은 어릴 때 나의 습관이었다. 딸아이의 스트레스 해소법으로 운동을 생각한 것은 어릴 때 내가 운동을 했기 때문일 것이다. 나는 초등학교 때 우연히 배구를 시작했고 학교에서 배구선수를 잠깐 했다. 방과 후에는 매일 강당에 모여 배구 담당 선생님으로부터 훈련을 받았다. 그때 참 재미있었다. 미국에 시집간 오래된 나의 절친도 그때 알게 된 친구인데 운동하면서 갖게 된 끈끈한 정이 생겼다. 현재 먼 이국땅에 있지만, 지금까지 좋은 친구 관계를 유지한다. 어린 나이에 운동을 알게 되고 배우게 되어서 나는 천만다행이라고 생각한다. 운동의 가치를 그때 깨달았기에 지금도 틈틈이 운동하고 딸에게도 권했다. 배운 것은 어디로 가지 않고 삶에 녹아 실천으로 이어진다.

내가 반복해서 매일 읽는 책이 있다. 의식에 관한 책이다. 3년 이상 한 책을 반복해서 읽고 있다. 읽을 때마다 다른 감동과 배움을 얻는다. 인간의 내면에 사실로 받아들인 소망들은 현실이 되어갈 것이고 소망 달성 느낌을 생생하게 유지한다면 주변의 모든 상황이 소망 달성을 위해 움직여진다는 믿기 어려운 내용이 수록되어 있다. 처음에는 황당하기도 했다. 하지만 가만히 돌이켜 나의 과거를 봤을 때, 그것이 사실이라는 것을 깨달았다. 단지, 스스로 생각하지 못했고 말로 표현하지 못했을 뿐이었다. 그 책이 나의 그런 표현을 대신해서 의식과 느낌의 중요성을 강조하고 있었다.

내가 매일 이 책을 읽는 이유는 실천하기 위해서이다. 독서를 하는 사람들이 가장 원하는 부분이 실천이다. 실천이 가장 어려운 부분이다. 머리로는 이해되는데, 삶으로 활용이 안 된다. 그 이유는 다른 것이 없다. 제대로 배우지 못했기 때문이라고 생각한다. 잘 배우고 몸에 익힌다면 실천할 수 있다. 나의 삶으로 가져와야 할 가치 있는 내용은 특별히 더 잘 배워 몸에 완전히 장착해야 하며, 반복 읽기가 그것을 가능하게 만들 것이다.

그런데 이 반복 읽기가 잘 안 된다. 좋은 문구를 봤을 때 사람은 스스로 배우는 과정을 거치게 된다. 이런 과정이 자주 일어나도록 해서 책의 메시지를 나의 삶으로 활용하겠다는 결심이 섰다면 단 5분이라도 아니, 한 문단, 한 문장이라도 반복해서 매일 읽는 것이다. 내가 좋아하는 책이라면 더욱 빠르게 깊이 배우고 실천한다. 그런 방법으로 나는 이 책을 읽고 있다. 이 책을 읽으면서 나의 사고는 물론, 행동에도 많은 변화가 일어난다. 우선 나의 소망이 무엇인지 생각하게 되었다.

'나의 소망이 무엇일까?'라고 진지하게 생각해볼 기회가 없었다. '어른인데, 소망이 뭐 필요하겠어. 아이들이나 꿈과 목표를 세우고 공부하는 것이지.'라고 단순하게 생각했다. 이런 착각 속에서 사는 어른들이 나뿐만이 아닐 것이다. 특히, 직장인이라면 더욱 그런 생각을 하게 된다. 직장인은 시간적 여유가 넉넉하지 않다.

복직한 지 4개월 지난 지금, 나는 정말 시간이 없다는 생각을 자주 한다. 부동산에 급히 연락해야 하는 중요한 일이 있어도 전화하지 못했다. 전화 한 통화 하는 건데, 쉽지 않다. 그럴 마음의 여유가 생기지 않는다. "전화 한 통화 하는 게 뭐가 어렵다고 늦으면 늦는다고 전화 좀 해요."라고 남편한테 말했던 내 모습이 떠올라 반성이 된다.

하지만 이런 바쁜 가운데에서 놓치지 말아야 할 것이 있다. 나의 소중한 소망이다. 마음 중심에 내가 하고 싶고, 되고 싶고, 이루고 싶은 소망을 가져야 한다. 이런 것을 잊고 살기 때문에 나다움이 없는 삶을 산다. 지금 하는 일에 충실하고 그저, 몸 건강하면 최고라고 생각할 뿐이다. 하지만, 네빌 고다드의 문구들을 자주 읽고 접하면서 '내가 인생을 어떻게 살아야 하나?' 소망을 생각하기 시작했다.

나의 소망은 책을 읽고 쓰면서 찾았다. 바로 책과 관련된 일을 평생 하자는 소망이 생겼다. 네빌 고다드의 책을 읽으면서 의식은 변화되었다. 나도 책을 써 봐야겠다고 생각을 했고, 그 생각대로 나는 책을 썼다. 《하루 한 권 독서법》을 시작으로 계속 책을 쓰고 있다. 책을 쓰게 된 계기는 독서였다. 읽는 것이 있었기에 책에 더욱 관심을 가졌고 나도 써보자는 결심도 생겼다. 책을 쓰면서 책 쓰기의 가치도 알았고 소망의 구체적인 방향도 잡았다. 글쓰기의 재능을 타고나지 않아도 나처럼 책을 쓸 수 있다. 책 쓰기가 가장 좋은 자기 계발법이자 삶의 성장 동력이란 사실을 깊이 느꼈다. 그래서 이런 사실을 함께 공유하고 싶어졌다. 이것이 바로 나의 소망이자 꿈이자 인생 목표이다.

책을 쓴 후 안타깝다고 느끼는 것이 있다. 사람들은 책 쓰기에 대한 간절함이 있지만, 도전도 하기 전에 포기한다는 사실이다. 그 이유는 글쓰기에 대한 두려움 때문이다. 나는 글 쓰는 재능이 없다고 말하며 스스로 한계를 긋는다. 글쓰기는 보통 우리가 잘 하지 않는 일이다. 간단하게라도 일상처럼 쓰지 않고는 재능이 있는지 없는지 알 수 없다. 천재적인 재능을 타고났더라도 자신이 하지 않고 어떻게 그것을 알 수 있겠는가? 그리고 그런 재능을 타고나지 않았다고 하더라도, 책 쓰는 것은 문제없다.

나를 보면 안다. 나는 언어에 약한 사람이다. 다만 노력할 뿐이다. 그래도 책을 여러 권 출간했고, 앞으로도 계속 쓰면서 삶을 변화시키려 한다. 이 제는 책 쓰는 방법을 알았기 때문이다. 또한, 책 쓰기의 소중하고 값진 경험을 사람들에게도 알려 책 쓰기를 조용히 포기한 사람들이 동기부여 받게 하려 한다. 포기하지 않고 자신의 경험을 공유하는 책을 쓰기를 바란다.

그래서 나는 시작했다. 독서 모임을 함께하는 사람들과 공저를 쓰기 시작한 것이다. 모두 처음 쓰는 사람이다. 6명이 현재 공저 쓰기 과정에 참석하고 공저 쓰기는 진행 중이다. 처음, 제목부터 정했다. 독서 모임인 만큼 책 읽기에 관련된 제목이다. 그다음으로 꼭지 제목을 5개씩 할당하여 만들기 시작했다. 처음 하는 일이기에 내 몸에 맞지 않는 옷처럼 어색하고 감정적으로 불편감이 있지만 기분 좋은 불편감으로 생각하는 분위기였다. 맞다, 어찌, 불편하지 않겠는가? 하지만, 성장과 발전은 카오스라는 혼돈의 시기를 반드시 갖는 법, 지금 데드라인 기간을 정해서 열심히 1꼭지 쓰기를 구상하고 쓰기 위해 다들 노력 중이다. 좋은 결과를 기대하며 현실은 그 생각대로 이루어질 것이라 믿는다. 네빌 고다드의 메시지가 여전히 공저 쓰기에서도 적용된다. 의식이 현실의 실체라는 것, 모든 삶에 활용할 수 있다.

책을 읽고 난 후 느끼고 배운 것은 나의 삶으로 녹아 들어간다. 욕심내지 말고 단 5분이라도 읽는다는 생각으로 책을 펴길 바란다. 책을 읽는다고 하면 과거에는 거창하게 생각했다. 특별한 사람만이 읽는다고 여겼다. 이제는 그렇지 않다. 책의 가치를 알고 있는 누구나 책을 읽는다. 문제는 실천인데, 몸에 익지 않았다면, 읽는 것을 습관들이 는 것부터 시작해 보자. 단 5분이라도, 단 10분이라도 거르지 말고 읽자. 짧게 읽는다는 생각으로 실천하다 보면 눈으로 들어온 한 문장이 나의 머리를 자극하고 나의 심장을 뜨겁게 데우는 경험을 할 수 있다. 형이상학자의 상상한 것이 현실이 된다는 문장에 감동하여 그의 책을 매일 읽고 실천하듯이, 누구나 그렇게 읽는 것을 습관으로 만들어 삶에 긍정적인 영향을 미칠 수 있다. 읽는 시간이 길든 짧든, 그 자체는 중요하지 않다. 한 문장이라도 읽는다는 사실이 중요할 뿐이다. 읽음으로써 우리는 매일 배우고 그 배움은 우리의 행동을 변화시키고 삶에 지대한 영향을 미친다. 내가 원하는 삶을 깨닫고 그 삶을 구상하고 실천하면서 그 방향으로 살아가도록 독서가 도와줄 것이다. 책을 통해 읽고 배운 대로 우린 단지, 실천만 하면 된다.

새로운 아이디어로 도전한다

배드민턴 선생님이 레슨하는 모습을 지켜보면서 나는 배웠다. 내가 사는 이곳은 배드민턴 전용 체육관이 많다. 지자체에서 권장하고 지원하는 운동이 바로 배드민턴인 듯하다. 동네 산을 오르다 이 배드민턴 체육관을 발견하고 딸과 함께 등록했다. 1주일에 2~3회 레슨을 받는다. 체육관에 들어가자마자 칠판에 이름부터 적는다. 그것이 레슨 받는 순서가 된다. 사람들이 많아서 이름부터 적은 뒤 그 순서대로 배드민턴을 배운다. 이제 겨우 2개월 치의 수강료를 냈다. 선지급이니, 배드민턴 배운지 아직 2달이 채 되지 않는다. 길지 않은 시간이지만 나는 레슨 선생님을 통해서 생각지도 못한 깨달음을 얻었다.

레슨할 때 선생님은 반대편 코트에서 쉼 없이 공을 건네준다. '어쩌면 저렇게 잘도 쳐주시지?' 공이 선생님의 마음을 아는 듯, 이쪽, 저쪽, 보내고자 하는 곳에 정확히 날아간다. '코치는 다르구나' 감탄할 때가 한두 번이 아니다. 단지, 10분 레슨을 받지만, 끝날 때는 땀으로 샤워한 듯하다. 언제 그렇게 열심히 뛰어봤겠는가? 가벼운 공의 무게처럼 배드민턴을 가벼운 운동이라고 착각한 나의 오해는 한 방에 날아가 버렸다.

말없이 가르치는 선생님의 방식에는 어떤 원칙이 있는 듯하다. 그 원칙은 수강생들이 몸으로 체득할 수 있도록 돕는 것이다. 표현은 없지만, 몸짓과 표정에서 선생님의 단호한 원칙을 느낀다. 그 원칙은 세상을 살아가는 데도 필요할 것이다. 중요한 것일수록 우리는 머리보다는 몸으로 익혀야 하지 않을까 생각해본다. 몸으로 익혀야 확실히 내 것이 된다. 배드민턴을 몸으로 확실히 배워 평생 건강하게 살 수 있도록 선생님은 기계처럼 공을 쉼 없이 건넨다. 나도 이렇게 살아야겠고 가르칠 때는 몸으로 배울 수 있도록 해야겠다고 각오했다.

책을 통해서도 역시 많은 배움과 아이디어를 얻는다. 독서 모임 사람의 공저 쓰기를 이끌면서 나는 책 쓰기에 관한 책을 여러 권 읽었다. 나와 다른 방식으로 책을 쓰는 작가들을 알게 되었고 그 책들을 통해서 새로운 것을 배우고 느꼈다. 여러 책을 통해서 나는 책 쓰기에 대해 다시금 깨닫고 느낀 부분은 다음과 같다.

첫째, 서문부터 쓰는 방법도 있다.
이 부분은 내가 쓰는 방식과 다르다. 내가 책 쓰는 과정은 관심 주제를 정하고 제목을 먼저 만든다. 그리고 그 제목에 맞추어 장 제목 5개의 여러 세트를 만들어보고 그것 중에서 하나를 선택한다. 장 제목이 정해졌다면, 다음으로 각 장 제목의 하부 메시지인 꼭지 제목을 만든다. 꼭지 제목 7~8개를 선택해서 전체 목차를 완성한다. 목차가 완성되면, 눈에 뜨이는 장부터 써 내려간다. 하지만, 목차를 만들기 전에 그 책의 전반적인 내용을 적는 서문부터 먼저 작성하는 작가도 있다. 나는 이런 방법으로는 한 번도 해보지 않아서 아주 생소하다. '아, 이렇게 하는 방법도 있구나.' 하는 깨달음이 있었다. 다음에는 이 방법으로 한번 도전해보아야겠다고 생각했다.

처음 하는 것은 다 어렵다. 컵라면 비닐 벗기는 것도 처음 할 때는 한참 걸렸다. 마음이 급할 때는 컵을 싸고 있는 비닐을 벗기기도 쉽지 않다. 하지만, 알게 되었다. 컵라면 밑 부분의 비닐은 공간이 떠 있어서 그곳을 누르면 쉽게 전체 비닐을 벗길 수 있다는 것을 터득했다. 여러 번의 실패를 통해서 인지한 것이다. 하물며, 새로운 책 쓰기의 방법은 더욱 어렵게 느껴진다. 원고를 본격적으로 쓰기 전에 서문을 작성한다는 것이 쉽지 않겠지만 다음에는 해보자는 생각이 들었다. 새로운 아이디어로 새로운 도전을 계획하고 있다.

둘째, 본문에 넣는 요소는 대략 정해져 있다.

꼭지 글을 쓸 때, 가장 고민스러운 것이 본론 부분에 무엇을 쓸까? 하는 것이다. 보통 작가들은 개요를 작성하면서 고심한다. 하지만 써야 할 요소는 정해져 있다. 서론에서나 꼭지 제목에서 강조한 자신의 메시지에 대한 세부 내용을 적어주면 된다. 이유와 근거, 나의 경험이나 다른 사람의 경험, 나만의 해결법이나 노하우, 핵심 메시지 재강조 같은 내용이다. 개요 쓰기를 하면서 나는 사례와 나의 노하우를 본론 부분에 미리 작성한다. 사례를 찾을 때는 내 안의 경험을 통해서 찾을 때도 있고, 내 안이 아닌 밖에서 찾을 때도 있다. 인생 첫 책 쓰기라면 내 안에서 사례를 다 찾아도 되고, 점점 출간 횟수가 많아지고 내 안의 자료가 소진되었다고 느껴진다면 외부에서 찾으면 된다. 나는 인생 첫 책인 《하루 한 권 독서법》 쓸 때는 오히려 외부에서 자료를 찾았고, 그 이후 책 쓸 때는 나 자신의 내부에서 찾고 있다. 나의 경우에는 반대인데, 이 방법도 괜찮다. 나도 내면의 자료가 될 만한 소스가 사라지면 글 쓸 때는 외부에서 찾게 될 것이다. 하지만 신기하게도 9권 이상 출간을 했지만, 내면에서 사례 찾기는 여전히 가능하다. 삶은 계속 진행 중이고 그 삶의 모든 것이 사례가 될 수 있기 때문이다. 내부의 사례와 외부의 사례를 적절히 사용해서 한쪽으로 치우치지 않는 글을 쓰면 될 것이다.

셋째, 책은 쓰면 쓸수록 쉬워진다.

책 쓰기를 어렵게 생각하는 사람이 많다. 아마 써보지 않은 사람들은 대부분 그렇게 생각하고 시도조차 버거워할 것이다. 하지만, 무엇이든지, 하면 할수록 쉬워진다. 이것은 세상 진리이다. 내가 자전거를 배울 때, 처음이 가장 두렵고 어려웠다. 하지만, 나중에는 걷는 것만큼 자연스럽게 타게 되었다. 운전도 마찬가지이고 외국어 배우는 것도 마찬가지이다. 포기하지 않고 꾸준히 하다 보면 듣기-말하기-읽기-쓰기 순으로 외국어도 습득한다. 책 쓰기도 또한 그렇다. 책을 못 쓰는 가장 큰 이유는 시작을 못 하기 때문이다. 책 쓰기에 대한 장벽은 책 읽기의 장벽보다 높다. 하지만 여러 권 출간한 경험으로 봤을 때, 책 쓰기도 자전거 배우고 운전 배우고 외국어 배우는 것과 같다는 것이다. 현재도 완벽하지는 않지만, 쓰면 쓸수록 쉬워지는 것을 나는 느낀다. 책 쓰기는 나에게 확신을 안겨다 주기도 하고 새로운 도전의 계기가 되기도 한다. 그렇기에 성장의 발판이 되는 것이다. 이런 배움이 없다면 새로운 아이디어와 도전도 없지 않을까 싶다. 쓰면 쓸수록 쉬워지는 책 쓰기를 알게 되어서 너무 감사하다.

책은 곧 아이디어이다. 관심 있는 영역의 책을 읽는다면 많은 정보와 저자의 노하우를 얻을 수 있다. 하지만 사람들은 책 읽기를 잘 하지 않는다. 책 읽는 것에 거부반응까지 있는 때도 있다. 그 원인은 여러 가지가 있는데, 읽는 과정에서 좋지 않은 기억 때문이지 않을까 생각한다. 학창 시절 공부를 위한 읽기가 읽기의 주 경험이었기에 일반 책 읽기를 공부처럼 느낀다. 이것이 부담으로 이어지는 것이다. 하지만, 읽기가 즐거운 배움이고 나의 삶에 새로운 아이디어를 준다는 점을 의식적으로 기억한다면, 읽는 것을 매일 할 수 있다. 독서가 공부라는 기억을 상쇄할 즐겁고 행복함이 있는 읽기 경험을 자꾸 만들어보기를 권한다. 책을 읽음으로써 기존에 내가 하던 방식을 바꾸어 새로운 방식으로 혁신적인 성장을 할 수 있는 기회를 자신에게 주었으면 한다. 나 또한 책 쓸 때, 서문부터 작성해보는 것을 도전해보고자 한다. 아주 소소한 것이라도 책으로 배우고 아이디어를 얻어 작은 도전과 성장이 일상이 되길 기원한다.

매너리즘에 빠지지 않는다

　금일 코로나 확진자 1,378명, 검사 중인 사람 9,251명이라는 기사 제목을 발견했다. 매일같이 코로나 상황을 지켜보다가 놀랐다. 확진자 수가 갑자기 급증했다. 얼마 전까지 일일 신규확진자는 500명대였는데… 며칠 사이에 이렇게 상상 못 한 수치로 뛰었다. 다들 충격이다. 어제 학교에서는 거리두기 4단계 개편으로 다음 주부터 원격수업이 결정되었다. 직장에서 4단계 거리두기와 관련한 방역수칙에 대한 가정통신문을 나는 급하게 발송했다. 또한, 고3과 교직원들의 백신접종에 대한 희망 날짜 신청하라는 공문을 받고 긴급회의를 통해 희망 날을 정해서 보고했다. 이런 일들이 단순해 보이지만, 직접 일하는 실무자 처지에서 이것저것 생각할 것이 많다. 접종 관련 학부모나 학생, 교직원에게 안내할 것도 찾아서 한다. 현재 진행 상황에 관한 내용도 알려주고 방학 기간 일정 조율도 할 수 있도록 미리 안내해야 한다. 하다 보면 할 일이 점점 많아지는 것 같다. 하지만 하는 데까지 최선을 다할 뿐이다. 요즘 같은 때에는 몸이 열 개라도 부족하다. 급박하게 변화되는 코로나 상황에 맞추어 시기적절하게 해야 할 업무를 스스로 찾아서 하는 것이 요구된다. 정신적으로 매너리즘에 빠질 겨를이 없다. 코로나19 상황이 긴장감을 주고 활기찬 기운을 유지하게 하듯이 다소 번거로울 수 있는 독서가 정신적 방전 상태에서도 에너지를 충전하게끔 도와준다. 역시, 독서는 매너리즘에 빠져 자신을 방치하지 않도록 하는 자극제이다.

어떤 책에서 읽은 내용이 기억난다. 자동차로 프랑스를 여행할 때, 고속도로 옆, 그림 같은 초원에서 풀을 뜯고 있는 수백 마리의 소들을 보고 너무나 감탄스러워 탄성을 연발했지만, 20분도 채 되지 않아 지루하기 시작했다는 여행 경험을 전했다. 단지 20분인데도 지루함을 느낀다. 이렇게 무한 반복되는 모습으로 인해 싫증이 나고 별 감흥이 없는 상태가 우리의 삶에 찾아온다면, 정말 삶이 지옥 같아질지 모르겠다. 하지만, 책을 읽는다면 상황이 달라질 거로 생각한다. 책에는 다양한 내용이 들어 있기 때문이다. 독서가에게 삶의 지루함 같은 매너리즘은 먼 옆 동네 이야기가 된다.

나는 어느 순간, 책들에 영향을 받는 자신을 발견했다. 개인적으로 좋게 생각한다. 책이 중심이 되는 삶을 살고 있다. 개인적으로 좋아하는 책은 네빌 고다드의 책이다. 성경을 사례로 들어 메시지를 전달하기에 기독교인에게는 다소 불편감이 있을 수 있겠다고 생각했다. 나 또한 어릴 때 교회를 다녔고 성경을 어떻게 해석하고 있는지 잘 알고 있다. 하지만 나는 단지, 종교적인 측면과는 별개로 상상한 것이 현실이 되고 소망을 현실로 만드는 방식에 관한 내용에 집중한다. 그 메시지와 방식에 깊이 공감하고 있다. 그래서 네빌 고다드의 책들은 모두 구매해서 반복적으로 읽고 있다. 이 메시지들은 다른 표현으로 여러 권에 걸쳐 소개되어 있다. 나는 그 책들을 읽으면서 내 삶으로 가져오기 위해 노력 중이다. 내가 공감하는 사상을 마음의 중심에 두고자 노력하니 흔들리지 않는 신념이 생긴다. 내가 읽고 있는 의식 책은 읽을 때마다 감동과 긍정적인 자극을 준다.

당신이 머무는 곳이 곧 당신 자신이란 의미의 문구를 읽었다. 우리는 때론 우리가 누군지 잘 모른다. 나는 어떤 사람인가? 나의 정체성은 무엇인가? 스스로 답을 찾지만, 정확히 그 답을 알지 못한다. 하지만, 나의 정신이 머무는 곳이 바로 나 자신이라고 분명히 책에서는 말한다. 나의 정신, 곧 의식의 중요성을 강조하는 것이다. 나의 정신이 어디에 머무는지 계속 살피라고 이야기한다. 현재 나는 중요하다고 생각하여 매일 빠지지 않고 스스로 세뇌하는 일이 있다. 그것은 바로 책 쓰기이다. 매일 꼭지 글을 쓰는 것이다. 이렇게 하는 이유는 책 쓰기의 가치가 너무나 크다는 것을 이제는 알아버렸기 때문이다. 여러 권의 책을 쓰고 난 뒤 강력한 성장의 수단이 바로 책 쓰기란 것을 깨달았다. 내 아이들에게도 책 쓰기를 가르쳐 책 쓰기를 통해 스스로 성장하고 아이들이 원하는 삶을 찾아 만족스러운 삶을 살 수 있도록 하고 싶다. 책 쓰기를 하다 보면 책 읽는 것은 자동으로 하게 된다. 읽지 않고 쓰는 것은 불가능하기 때문이다. 읽어서 입력해야 머리에서 다른 창조가 일어나 새로운 가치 있는 것들을 종이에 쏟아낼 수 있다. 책 쓰기와 책 읽기는 함께 간다. 처음에는 책 읽기로 시작하지만, 책 읽기의 고수가 되는 방법은 바로 책 쓰기가 된다. 경험을 통해서 이 사실을 깨닫고 난 뒤 나는 책 쓰기를 삶의 기본으로 삼고 실천한다. 이런 나의 의식이 바로 나이다. 나의 의식을 무엇으로 채울지 생각한다. 무엇으로 차 있는지 점검하면서 내가 원하는 삶을 나의 의식에 채우기 위해 노력한다.

　나의 의식이 곧 내가 경험하는 모든 것들의 근원이다. 나의 의식으로 주변의 것을 끌어들인다고 한다. 곧 자석과 같다고 한다. 자석이란 표현이 맞다. 남편은 강아지를 싫어한다. 17년 동안 함께 산 강아지도 남편과는 친해지지 못했다. 남편이 퇴근할 때, 현관문 누르는 소리만 들려도 귀를 쫑긋 세우고 짖었다. 남편이 아침에 일어나도 짖었다. 처음엔 강아지가 너무한다 싶었지만, 가만히 돌이켜 생각해보니 남편이 먼저 강아지를 구박했었다. 남편은 '모두'라는 강아지 이름이 있지만 한 번도 '모두'라고 부르지 않았다. 그냥 '개'라고 불렀다. 이런 것을 짐승이지만 모를 리 없을 것이다. 17년 동안이나 한 지붕 아래 살았지만, 남편과 '모두'가 친해지지 않은 이유이다. '모두'는 나이가 많아 얼마 전에 하늘의 별이 되었다. 아이들의 간절한 바람이 있었기에 남편의 승낙을 받은 후 또 다른 유기견을 가족으로 들이게 되었다. 신기한 것은 새로운 가족인 '행운이'도 '모두'와 똑같이 행동하고 있다. 남편이 퇴근해도 짖고 아침에도 따라다니면서 짖는다. 침대에 실수했다고 맞은 이후부터 '행운이'는 남편을 싫어한다. 남편 또한 강아지들이 싫다고 한다. 그런 강아지들을 싫어하는 남편의 의식이 하나의 자석이 되어 강아지들과의 관계는 매번 불협화음을 만들어낸다. 남편도 따라다니면서 짖는 '행운이'가 정말 싫은 표정이다. 근본적인 부분은 의식이다. 의식이 변화되지 않으면 똑같은 행동을 하고, 삶은 변화되지 않으며 반복된다. 현재 우리가 겪는 문제는 의식만 바꾸면 쉽게 해결이 될 수 있다. 내가 원하는 삶, 행복한 삶을 원한다면, 그것들에 초점을 맞추어 의식을 변화시키면 될 것이다. 내가 바라는 삶을 위해 의식을 어떻게 관리해야 할지 생각해봐야 한다.

다른 이들의 말에는 신경 쓰지 말고 되고 싶은 모습만을 인식한다면 길을 잃지 않을 것이다. 우리는 오감이 있어서 의식이 흔들린다. 보고, 듣고, 냄새 맡고 맛보고 만져보는 모든 자극이 우리의 의식에 영향을 미친다. 네빌 고다드는 명확한 목표와 소망이 있다면, 이런 현실적인 오감을 무시하라고 한다. 오감으로 들어오는 정보에 집중하다 보면 지금 당장 현실에 없는 목표와 소망을 잊어버린다. 현실에서 필요한 일들에 우리의 시간과 에너지, 열정이 소비되기 때문이다. 주변의 말들은 우리의 의식을 더욱 혼란스럽게 만든다. 나는 네빌 고다드의 책을 매일 읽음으로써 다시금 의식을 가다듬을 수 있다. 만약, 독서가 없다면, 감각으로 들어오는 현실 상황에 집중했을 것이다. 물론 현실을 제대로 알고 판단하는 것도 중요하지만, 그것이 주가 되면, 내가 바라는 삶을 뒷전으로 한다. 현실 감각을 인정하고 참고하되, 의식은 내 목표와 소망에 두어야 한다. 이런 의식을 가지도록 스스로 관찰하고 점검하는 것을 수시로 하도록 해야겠다.

책을 읽으면 매너리즘에 빠지지 않는다. 책에는 많은 내용이 들어 있다. 우리가 어떤 목적을 가지고 읽느냐에 따라 책의 가치는 다르다. 처음에 나는 아이 육아를 위해 육아서를 읽었고 그다음에는 나 자신을 위해 자기계발서를 읽었다. 육아서를 읽으면서 육아의 다양한 문제들을 해결할 수 있었다. 자기계발서를 읽으면서는 내가 어떻게 살아야겠다고 생각했다. 성공한 수많은 사람의 이야기를 읽으면서 동기 부여받고 삶에 자극을 받았기 때문이다. 의식 책은 그 메시지대로 나의 의식을 단련시키기 위해 노력하게 했다. 비슷한 내용인 듯하지만, 조금씩 다른 의식 관련 책들은 원하는 삶을 어떻게 달성할 수 있는지 안내했고 나는 조금씩 적용하면서 제대로 익힐 수 있었다. 이렇게 읽는 책으로 나는 내, 외적으로 새로운 모습으로 변화하고 긍정적인 다른 삶을 추구한다. 변화의 과정 자체가 바로 나 자신이기에 매너리즘이 찾아올 시간이 없다. 읽고 생각하고 의식적으로 성장하는 독서를 매일 조금씩이라도 한다면, 매너리즘과 거리가 먼 삶을 살 수 있는 것이다.

한 문단 독서가 하루를 결정한다

독서 습관을 들이기 전에 나는 독서를 거창하게 생각했다. 책을 읽으면 그래도 최소 1시간 이상은 집중해서 읽어야 책을 읽었다고 느꼈다. 그정도도 안 읽고 책을 읽었다고 하면 왠지 그냥 생색내기 위한 독서, 보이기 위한 독서로 생각했다. 그래서 시간이 넉넉하지 않으면 책을 펴지 않았다. 하지만 독서를 즐기는 요즘의 나는 독서는 잠깐씩만 하더라도 뭔가를 건질 수 있고 오히려 그것이 좋다고 생각한다. 짧은 시간에 한 문단이라도 읽으면 더 깊이 뇌리에 저장되었다. 최근 나는 아침마다 책을 쓰면서 읽는 시간이 부족해졌다. 그렇다고 읽는 것을 포기할 수는 없다. 왜냐하면, 쓰는 것만 하면 먹지 않고 노동을 하는 것과 같아 사용할 에너지가방전된다. 그래서 아무리 시간이 부족해도 한 문단이라도 읽고 나서 쓰고있다. 한 문단만 읽어도 많은 생각과 아이디어가 뿜어져 나온다.

한 문단의 글이라도 읽고 나는 떠오르는 감상을 SNS에 적는다. 꿈이 자기의 의지가 되어 마음을 조절하고 목표도 달성하게 하여 결국 현실이 된다는 문구를 어느 책에서 읽었다. 나는 작가가 쓴 그 글을 읽고 나의 감상을 글로 써서 인스타그램에 올렸다. 내가 쓴 글을 요약하면, 꿈이 의지가 되고 그것이 마음을 지배하게 되어 결국 꿈이 현실로 변화된다. 꿈을 명확하게 하는 것이 중요하며 명확한 꿈은 더 빨리 현실로 드러난다. 큰 꿈이든 작은 꿈이든 달성하고 싶은 꿈은 명확하게 만들길 바란다는 내용이다. 책에서 읽은 한 문단으로 인해 나는 다양한 생각을 했다. 책에서 본 임팩트한 키워드 하나로도 깊은 사고와 함께 A4 반장의 글을 쓸 수 있다. 이런 한 문단의 독서로도 다양하고 깊이 있는 사고를 하는 자극제가 된다. 또한 자극받은 한 문구로 인해 나의 삶은 조금씩 변화되고 더 큰 도전도 하게 된다. 그러면서 꿈도 계속 업그레이드시켜 간다.

나는 책을 읽으면서 꿈을 꾸었다. 내가 자란 어린 시절에는 '꿈'이란 단어를 쉽게 듣지 못했다. 대신 '공부'란 단어에 더 익숙했다. 성적에 맞추어 대학을 간다는 생각으로 열심히 공부하는 것이 좋은 대학, 좋은 직장에 들어갈 방법이라고 여겼다. 그 누구도 "너의 꿈이 무엇이냐, 너의 꿈을 향해 오늘을 살아라."라고 말해주는 사람은 없었다. 어릴수록 어른들의 말에 영향을 받는다. 주변 사람이 절대적 환경이 되어 의식을 지배한다. 특히, 부모님의 영향력은 강력하다. 아이의 전부가 부모이기 때문이다. 나는 아이들에게 '꿈'이란 표현을 자주 말해준다. '꿈'이란 단어가 꿈을 꿀 수 있게 하고 꿈을 더욱 명확하게 만들어 자신이 원하는 삶을 살 수 있도록 하기 때문이다. 나 또한 책을 접하면서 나 자신을 생각했고 꿈도 꾸었다. 꿈을 가지면서 원하는 꿈도 조금씩 이루어 갔다. 이제 더 큰 꿈을 향해 하루의 삶을 가치 있고 의미 있게 일구어 나가려 한다.

잠시지만 짧은 문단을 읽고 나의 꿈에 대해 다시금 생각하고 각오했다. 책을 본격적으로 읽기 전, 나는 그저 직장만 열심히 다니면 된다고 생각했고 꿈은 특별히 없었다. 직장인도 꿈이 있어야 한다. 꿈이 꼭 직장 업무와 관련된 것이 아닐 수도 있다. 직장을 다니면서도 그동안 잊은 소중한 다른 꿈을 가질 수 있는 것이다. 꿈을 가지면 삶의 활력을 찾고 삶이 재미있어진다. 직장에서 꿈을 실현하는 사람도 있고, 직장 밖에서 꿈을 실현하는 사람도 있다. 꿈의 실현 시점도 은퇴 후가 될 수도 있고 직장을 다니면서 달성할 수도 있다. 나의 경우 어느 쪽일지 깊이 생각했다. 읽고 쓰는 것을 해보니, 이것처럼 가치 있는 것도 없다는 확신을 했던 나는 평생 읽고 쓰는 일을 해야겠다고 생각하고 있다. 이것을 내 삶에 체계적으로 세팅하고 그동안 쓴 경험을 살려 주변에 좋은 영향력을 미칠 수 있도록 체계적인 시스템을 만들어보자는 꿈을 가졌다. 한 문단을 통해서 꿈을 구체적으로 명확하게 할 수 있었다.

꿈을 명확하게 하니, 하루의 삶이 달라졌다. 바쁜 직장 일에 치여 나 개인의 꿈을 잠시 잊고 살았지만, 한 문단으로 꿈의 카드를 내 삶의 전면에 내놓았다. 점심시간을 활용해서 아침에 읽었던 책을 좀 더 읽었다. 한 문단 독서가 한 페이지 독서가 되고 10장의 독서로 이어졌다. 읽으면 읽을수록 좋은 책이다. 읽으면 떠오르는 감상이 있다. 쭉 읽어 나가다가 특별히 나의 심장을 뒤흔드는 문단이나 문구에 시선이 꽂힌다. 그때는 그 감상이 달아나기 전에 다시 기록을 한다. 읽음을 통해서 나는 쓸 수 있게 되었다. 읽고 쓰는 것은 동전의 양면과 같다고 하는 말이 딱 들어맞는다. 쓰는 것이 습관이 되지 않았다면 간단하게라도 읽고 쓰는 시간을 가짐으로써 더 자연스럽게 읽고 쓸 수 있다. 시작이 어색한 것이다. 그런데도 읽고 쓰는 것을 시작하면 단 한 문단 읽고도 1페이지의 감상 글을 쓸 수 있다. 한 문단 독서가 씨앗이 되어 나는 그날 많은 독서와 글쓰기를 했다.

단지, 한 문단만 읽었을 뿐인데, 하루가 달라졌다. 짧은 독서라도 그 영향력이 강하다. 독서를 거창하게 생각하고 시간을 투자해야 한다는 생각 때문에 읽는 것을 차일피일 미루며 환경이 조성되기를 바라고 읽지 않았는데 내 생각이 잘못되었음을 발견했다. 책을 읽으면 시험공부를 할 때 공부 방식처럼 읽어야 한다는 선입견 또한 머리에 꽉 들어찼었는데, 이것 또한 잘못된 생각이었다. 독서는 시험공부가 아니다. 그냥 시간 나는 대로 한 문단이라도 읽으면 되는 것이다. 그렇게 읽은 한 문단의 독서가 하루에 강력한 변화의 바람을 일으킬 수 있다. 꿈, 의지, 마음, 실현, 이런 단어를 집중 잘되는 아침 시간에 읽는다면, 그날은 그 단어와 함께 하는 하루를 산다. 내 꿈을 다시 상기하고 의지를 불태우는 노력을 하며 마음을 움직여 꾸준히 그것을 행동으로 옮겨 꿈에 한 발짝 다가가는 하루 사는 방법이다. 마침내, 어제와 다른 오늘을 살 수 있다. 하루의 변화는 바로 한 문단이라도 읽는 것에서부터 가능하다는 사실, 기억하길 바란다.

책이 삶을 바꾸는 멘토이다

아침 식탁에 앉아 독서를 하려고 할 때, 손목 보호대가 보였다. 테니스를 칠 때 주로 손목에 끼는 하얀색 보호대. 하지만 하얀색이라서 더 그럴까?, 지저분해 보였다. 당장 빨아야 할 것 같다. 사실, 이 생각을 어제도 했었다. 그저께도 역시 했다. 보호대는 며칠 동안 계속 그 자리에 있었고 나는 그것을 볼 때마다 세탁할 정도로 지저분하다고 생각했다. 하지만 생각에 그쳤다. 오늘은 의자에서 엉덩이를 떼어 세탁기에 넣었다. 며칠 동안의 했던 행동과 오늘 내 행동의 차이점은 나는 보호대의 깨끗한 모습을 상상했다는 것이다. 깨끗해서 손목에 끼고 싶은 보호대를 당연한 모습으로 금방 현실이 될 것으로 생각했다. 그저 보호대가 더럽네, 빨아야 하는데, 라는 생각에 그친 것이 아니라 보호대의 변화된 모습을 상상하고 집중한 것이다. 같은 듯 다른 생각이다. 다른 마음 상태이다. 보호대는 깨끗하다는 상상과 확신으로 나는 세탁기에 넣는 행동을 했다. 우리의 소망 달성도 이런 방식으로 현실로 드러난다. 간절하고 소중한 소망을 그저, 달성된 모습으로 마음에 품고 행복한 기분을 매일 느꼈을 때 현실이 되는 것이다.

의식에 관련된 책을 읽기 전에는 의식에 관한 관심이 없었고 잘 몰랐다. 의식 책은 의식이 곧 실체라는 메시지를 전달한다. 의식이 먼저 있고 그 의식대로 우리의 삶이 자연스럽게 따라온다는 것을 반복한다. 이것이 곧 소망 실현 법칙이기도 하다. 이 책을 읽음으로써 원하는 것을 달성하기 위해 나의 내면 즉, 의식이 중요한 것임을 체감했고 나는 실천하기 시작했다. 최근 내가 이룬 성취들은 그 영향으로 달성되었다. 의식이 실체라는 메시지는 나의 인생을 완전히 바꾸었다. 그 영향으로 얻는 대표적인 결과물은 책 쓰기와 필리핀 세부 살이 경험이다.

본격적인 독서 1년 뒤부터 나는 새벽 독서를 시작했다. 읽을 시간이 부족해서 찾고 찾은 시간이 새벽 시간이었다. 육아서로부터 시작한 나는 육아서로 아이들을 키웠다. 이것도 아주 우연한 기회였다. 공부는 할 만큼 했다고 생각했는데, 육아는 전혀 모르는 새로운 세상이었다. 매번 가족과 이웃의 도움을 요청할 수도 없고 나는 아이를 키우면서 내가 살 궁리를 찾을 수밖에 없었다. 그것이 바로 육아서 독서였다. 읽기는 읽어야 하는데 육아로 시간이 너무 부족했다. 그래서 찾은 새벽 독서는 독서의 차원이 달랐다. 낮의 독서가 정보 수집 차원이라면 새벽의 독서는 모든 것을 받아 흡수하는 장기기억 저장 독서였다. 장기기억 저장 독서이니 행동이 달라지고 생활이 변화되었다. 육아서로부터 시작한 독서는 개인 성장을 위한 독서로 확대되었고 나는 자기계발서를 읽기 시작했다. 성공한 사람들, 부자 된 사람들, 원하는 삶을 사는 사람들의 이야기가 궁금해졌다. 그들이 자신을 어떻게 바꾸고 삶을 혁신시켰는지 나의 삶으로 가져와 활용해보았다.

책을 읽으면서 가장 먼저 정한 소망은 나도 책을 써보자는 것이다. 나도 다른 작가들처럼 나의 이야기를 그 누군가에게 전하고 싶었다. 책으로 나의 삶을 말하고 싶다는 욕구가 자연스럽게 생겼다. 환경의 영향이다. 책을 읽는 환경 속에서 책을 쓰고 싶은 소망이 생긴 것이다. 그래서 나는 책을 읽는 사람은 책을 쓸 수밖에 없다고 생각한다. 시간의 차이가 있을 뿐이지, 책과 함께 읽고 쓰는 삶을 결국 살게 되는 것이다. 새벽 독서로 밀도 있는 독서를 한 나는 본격적인 독서 1년 만에 책 쓰기에 돌입했다. 네빌 고다드의 책으로 의식을 매일 업데이트시키면서 책 쓰기를 실천했다. 얼마 전에 나는 《책 쓰기도 의식이 답이다》란 원고를 완성했다. 책 쓰기에도 의식이 역시 중요하다고 느꼈기 때문이다. 만약, 책을 처음 쓸 때, 책만 열심히 썼다면 나는 중간에 포기했을지 모른다. 왜냐하면, 나의 현실 상황은 도저히 책을 쓸 수 없는 열악한 상황이었기 때문이다. 인생 첫 책인 《하루 한 권 독서법》을 쓸 때, 아이들은 초등학교 저학년이었고 방학 기간이었다. 엄마의 손길이 무한 공급되어도 부족한 시기였다. 그런데도 계속 밀고 나갈 수 있었던 것은 내면을 강하게 하고 의식을 공고히 할 수 있도록 옆에서 멘토 역할을 해준 네빌 고다드의 책이 있었기 때문이었다. 무엇인가를 달성하기 위해서 의식을 강하게 만드는 것은 아주 중요한 부분이다. 의식이 전부이기 때문에 의식을 챙기면서 책 쓰기를 해야 중간에 포기하지 않고 좋은 결과를 빠르게 얻을 수 있다. 나는 쓰기 시작한 지 한 달 만에 《하루 한 권 독서법》 초고를 완성했다. 글이라고는 써보지 않은 나에게 정말 경이로운 일이었다. 그래서 지금도 나는 인생 첫 책 쓰기를 하는 사람들에게 강조한다. 의식을 강하게 하는 책들을 동시에 읽으면서 책을 써야 한다고. 처음 하는 책 쓰기. 누구나 가지는 감정, 즉 자신 없다고 느끼는 글쓰기, 책 쓰기이기 때문에 더욱 심리 조절, 의식 통제가 필요하고 그것을 위해 가장 좋은 의식 책으로 나는 네빌 고다드의 책을 추천한다.

필리핀 세부를 갈 때도 나는 이 책의 도움을 받았다. 소망 달성하기 위한 현실적이고 체계적인 방법을 알려주는 이 책은 결국 자신의 의식을 소망 달성에 미리 맞추라고 강조했고 그것대로 실천하기 위해 노력한 것이 결국 1년 6개월간의 필리핀 세부살이를 강행할 수 있도록 용기를 주었다. 마음가짐을 어떻게 갖느냐가 정말 중요하다. 불가능한 것처럼 느껴지는 것도 내 마음 상태, 의식상태에 따라 결과는 하늘과 땅 차이를 만든다. 나는 영어를 자유자재로 잘하지 못했다. 정규교육과정 중에 영어를 배웠지만, 시험 대비용 영어였을 뿐, 사는데 필요한 영어는 아니었다. 한국에서 공부한 사람은 대부분 공감하는 부분일 것이다. 읽고 해석하기는 어느 정도 하지만, 회화는 기본적인 문장도 잘 들리지 않는 영어 핸디캡의 소유자였다. 그리고 필리핀에는 아는 사람이 아무도 없었다. 필리핀 세부살이를 소망한 것은 아이가 어릴 때 함께 추억거리를 만들어야겠다는 생각으로 한국에서 가장 가까운 세부에서 해외살이를 선택했다. 아이들이 영어를 배울 수 있도록 한다는 목적도 있었다. 하지만 자신이 없었다. 하고는 싶었으나 그것이 이루어질 것이란 확신이 부족했다. 이때 의식책은 나에게 필리핀 세부살이를 할 수 있다는 자신감과 용기를 키워주었다. 또한 세부살이를 잘 할 수 있는 구체적인 방법에 대한 아이디어를 찾을 수 있도록 했다.

상상하는 것이 현실이 된다. 구체적으로 상상할수록 현실에 가까워진다. 필리핀 세부살이를 하기 전 나는 견학 차원에서 학교와 빌리지를 방문했었다. 빌리지 집은 견고한 느낌은 없었지만, 아이들이 좋아하는 이층집이었다. 마당도 있었다. 견학 후 나는 그 집을 떠올렸다. 미리 방문했기 때문에 한국에서 더 생생히 상상할 수 있었다. 아이들은 학교에 가고 나는 책을 쓰는 모습을 매일같이 상상했다. 상상할수록 그것을 꼭 이루고 싶은 열망은 더 커졌다. 매일 생각하고 상상한 만큼, 그것이 현실처럼 느껴졌다. 소망이 현실로 나타나는 시기는 소망한 것을 얼마나 자연스럽게 느끼느냐에 따라 결정된다고 네빌 고다드는 책에서 적었는데, 그것이 맞았다. 세부살이가 나의 삶에서 자연스럽게 느껴지자, 나는 구체적인 방법을 찾게 되어 필리핀 빌리지 집을 방문했을 때 본 집주인 한국 엄마를 만났다. 그 한국 엄마는 내가 세부로 갈 때까지 많은 정보를 제공해주었고 옆에서 소소한 것까지 도움을 주었다. 상상한 대로 현실처럼 느끼며 세부살이를 갈망했을 때, 도움을 구하지 않았지만 도움의 손길이 나타나 소망하는 것이 자연스럽게 달성됨을 배웠다.

지금도 나는 네빌 고다드 책을 읽고 있다. 아무리 바빠도 하루 한 문장이라도 읽으려 한다. 한 문장을 읽기 위해 책을 펼치면 1페이지, 2페이지까지 읽을 수 있어 좋다. 매일 반복되는 네빌 고다드의 사상이 나의 삶에 깊이 스며든다. 사람들이 소망하는 것을 가지고 있지만, 그 구체적인 방법을 몰라 실천하지 못한다면 이 책이 멘토 역할을 제대로 해줄 것이라 나는 생각한다. 성경을 사례로 들어 우리가 어떻게 소망과 삶의 목표를 이룰 수 있는지 설명하고 있다. 간혹 종교인들이 봤을 때 조금은 의아한 내용이라 생각할 수 있겠지만 종교적 해석 대신 소망을 달성하는 하나의 비법으로 생각하고 그것을 받아들인다면 누구나 이 책으로 소망 달성을 더 자주 체험할 수 있도록 할 것이다. 어떤 소망, 어떤 인생 목표라도 이 책에 나오는 방법들을 적용해서 달성할 수 있다. 삶의 위안이 되고, 구체적인 삶의 행동들을 알려주기도 하며, 간절한 소망 달성 비법까지 공유하는 책들, 세상을 혼자의 힘만으로 살기보다 이런 책을 읽으며 살아 보자. 원하는 삶은 책을 삶의 멘토로 삼을 때, 가능하다.

그래도, 이만하면 괜찮은 삶이다

유명 연예인들의 극단적 선택을 볼 때는 정말 안타깝다. 어느 날 아침, 평상시와 다름없이 뉴스를 보는 순간, 유명 연예인의 사망 소식을 접했다. 아직도 그때만 생각하면 가슴이 아프다. 왜 그렇게까지 해야 했을까? 무엇이 그녀를 그런 상황까지 이르게 했을까? 그녀는 모든 사람의 사랑과 신뢰를 한 몸에 받았지만, 허무하게 떠나버렸다. 만약, 그녀가 책 읽기를 즐겼다면 어땠을까? 뜬금없는 생각이 떠올랐다. 아마도 책으로 많은 위안을 받았을 것이다.

완벽함은 가능하지 않지만, 변화는 가능하다. 책에서 읽은 문구가 생각난다. 대부분 사람은 최대한 완벽하기 위해 노력한다. 하지만, 이 완벽함에 대한 욕심 때문에 무엇인가를 시도하지 못한다. 시작했더라도 완벽에 가깝지 않은 상태에 실망하고 스스로 포기한다. 힘든 일이 닥쳤을 때, 그것을 완벽히 해결하지 못하는 자신에 대해 좌절하는 것이다. 어떻게 보면 세상에 완벽이란 상태는 존재할 수 없다. 어릴 때부터 완벽함에 대한 강박을 알게 모르게 강요받으면서 자랐기 때문에 그것에 대해 환상을 하고 있을 뿐이라 생각해본다. 나 또한 아이들에게 강요했다. "영어 단어 하나를 외우더라도 완벽히 암기하려 노력해야 다 잊어버리지 않고 50%라도 기억하는 거야."라며 초등학생인 아이들에게 말했다. 너무 했다는 반성을 지금은 한다. 내가 교육받은 대로 그렇게 가르쳤다. 엄마들은 아이들에 대한 자신의 행동을 한 번씩 점검할 필요가 있다. 이렇게 강요된 완벽함에 대한 추구가 결국 에너지, 감정의 고갈을 낳고 극단적인 선택까지 하는 것이 아닐까 생각한다. 돌이킬 수 없는 선택을 하기 직전, 책을 통해서 위의 문구를 만났다면 어땠을까? 한 번 더 생각해보는 시간을 가지지 않았을까? 이런 문구들로 우울감에서 벗어날 수 있고 우리는 힘을 얻을 수 있다. 그동안 편견에 쌓여있는 자신을 발견하고 다시 변화되고 성장하는 시간을 가질 수 있다.

나의 과거, 책과 가깝지 않았을 때를 생각해봤다. 국군간호사관학교를 졸업하고 바로 군 병원에 배치되었다. 대학 때는 그래도 소설책도 읽고 일기도 썼었는데, 직장생활을 시작하면서 읽고 쓰는 것과 거리가 먼 생활을 했다. 직장만 다니기에도 여유가 없었다. 하루 8시간 일했고 퇴근하면 피곤하다는 이유로 특별히 한 일을 하지 않았다. 퇴근 후 나머지 시간을 의미 없이 흘러버렸다.

그 당시 나는 단순하게 살았다. 사람들과 어울려 먹고 마시고 소비했다. 충전보다는 또 다른 방전이 되는 시간. 그렇게 성장도 변화도 목표도 없이 살았던 것 같다. 지금과 비교하니, 과거의 삶이 명확하게 보인다. 책이 삶에 있고 없고 너무나 차이가 크다. 책과 함께 하는 삶과 책과 함께하지 않는 삶으로 나눌 수 있을 정도로 책으로 삶이 변한다. 만약, 그때 책을 읽었다면 어땠을까? 독서는 해도 그만 안 해도 그만인 것처럼 느껴진다. 하지만 절대 그렇지 않다. 책을 읽을 때는 작가의 사고에 영향을 받기 때문에 삶이 성장할 가능성이 커진다. 평범한 나의 삶이 긍정적으로 변화할 수 있게 하는 것이 바로 책 읽기라는 관념을 가져야 한다.

책을 읽는 삶이 바로 나의 삶이란 것을 다행스럽게 여긴다. 나는 운이 좋다. 육아라는 시련의 시간을 통해 책을 다시 찾았다. 시련은 또 다른 축복이란 말이 딱 맞아떨어진다. 육아의 어려움을 딛고 아이들 잘 키워보겠다는 신념으로 육아서를 잡은 것이 책을 읽는 계기가 되었다. 이런 경험으로 나는 깨달은 바가 있다. 독서를 습관으로 만들려면, 자신의 당면 문제를 주제로 책을 선택해서 읽어야 한다는 것이다. 독서의 가치를 알고 있지만, 생활에 실천 못 해서 고민인 사람들이 많다. 그 고민의 해결법은 해결해야 할 자기 삶의 당면문제를 먼저 정의 내리는 것이다. 나의 경우처럼 육아일 수도 있고 대인관계가 문제인 경우도 있겠다. 사업이 문제인 경우, 다양한 문제 중 가장 중요한 문제라고 판단한 것을 정하자. 그래서 그것을 키워드로 검색하고 책을 선택해서 그 책으로 읽기 시작하는 것이다. 한 주제로 50권 정도 읽는다면 빠르고 재미있게 독서 습관을 형성할 수 있다. 그렇게 책 읽기를 습관으로 만들어 일상 중 책 펴는 것을 대수롭지 않게 한다면, 삶은 읽는 책의 영향을 고스란히 받아 변화한다.

조금이라도 매일 읽는 것은 좋은 점이 많다. 독서 습관이 형성된 이후 나는 매일 읽는다. 새벽 기상 후 가장 먼저 하는 일이 책을 읽는 것이다. 바쁜 날에는 한 페이지도 읽고, 한 문단도 읽는다. 어떨 때는 한 문장을 읽을 때도 있다. 그래도 마음의 울림은 있다. 때론, 내 삶에 꼭 필요한 벼락 같은 감동과 충격이 올 때도 있다. 이렇게 길지 않은 시간이라도 매일 읽는 것의 가치를 알게 되었다. 책은 무엇보다 든든한 친구가 된다. 살다 보면 좋을 때도 있고 힘들 때도 있다. 사람에 대한 실망감으로 감정을 주체 못 할 경우도 있다. 다양한 형태의 불안한 심리상태에서 책을 잡고 읽으면 마음의 평정을 찾는다. 나의 감정에 함몰되어 스스로 자폭하는 일이 절대 발생하지 않는다. 책이 조언을 아끼지 않는 멘토가 된다. 나는 코로나19 팬데믹이 발생하기 전에 1년 반 동안 필리핀에서 세부살이를 했다. 그때, 옆집에 사는 한국 이웃인 에이미로부터 많은 도움을 받았다. 에이미는 젊은 시절 세부에서 살았기 때문에 그녀의 말 한마디 한마디가 세부 정착에 소중한 정보이자 아이디어였다. 에이미가 있었기에 서툰 영어 실력으로도 잘 살아갈 수 있었다. 에이미가 그 당시 나에겐 멘토였다고 생각한다. 책도 우리 삶의 멘토이다. 사람이 아닌 또 다른 형태의 멘토이다. 책을 멘토로 삼은 사람은 평범하지만 평범하지 않은 삶을 살게 된다.

책을 읽으면 가장 좋은 점, 역시 성장이다. 읽을 때마다 성장한다. 시대는 빠르게 변화된다. 우리의 환경이 변화하는 만큼, 우리도 함께 변화해야 한다. 의도적으로 배우고 성장해야 한다. 나이 먹으면 자연스럽게 알게 되는 것 말고 의식적으로 시대에 발맞추어 나를 변화시켜 나가야 한다. 과거에 배운 지식만으로 살 수 없다. 그렇다고 바쁜 와중에 어떤 기관에 등록하고 매번 찾아가 배우기 어렵다. 내가 원하는 시간에 읽으며 배우는 것이 가장 좋다. 습관이 문제이지만 이 읽는 습관만 들인다면 이것처럼 배움을 쉽게 얻는 것은 없다. 성장은 부차적으로 따른다. 시대의 흐름에 거스러지 않는 사람으로 원하는 삶을 살아갈 수 있다. 내가 필요로 하는 어떤 주제에 대해서도 이미 세상에 책으로 나와 있다. 많은 저자들이 자신의 경험을 친절히 공유해 주고 있다. 세상에 수많은 부자는 부자 되는 공식들을 이미 알려주고 있다. 단돈 15,000원으로 그 사람 인생 전체를 낱낱이 엿볼 수 있다. 그 외에도, 우리가 원하는 어떤 주제에 대해서도 자세하게 책을 통해 알 수 있다. 읽는 습관만 들인다면 쉽게 배우고 성장하는 방법이 바로 독서인 것이다. 이 사실을 제대로 아는 것만으로도 나는 운이 좋은 사람이다.

책을 읽는 것만으로 나는 괜찮은 삶을 살 수 있다. 왜냐하면, 책이 든든한 친구이자 멘토 역할을 해주기 때문이다. 읽을 때마다 필요한 부분을 보완하고 나를 성장시킨다. 그 어떤 수단이 이 모든 것을 충족시켜주겠는가? 이 시대에 필요한 정보와 나에게 가장 요긴한 지식과 지혜가 책 속에 있다. 직장에서 힘든 일이 있어 마음이 괴로울 때도 책은 조용히 내 마음을 위로해 준다. "세상에는 다양한 사람이 있어. 네가 잘못한 것이 아니야, 이런 사람도 있고 저런 사람도 있고 그저 그렇게 생각하고 네 길을 가면 돼, 힘내."라고 격려한다. 해결하지 못한 고민거리의 답을 책은 어느 날 무심히 제시하기도 한다. 읽는 동안 많은 문제를 해결한다. '책 읽지 않고 사는 사람들은 이 험한 세상을 어떻게 살아가는 것인가?' 책을 읽고 책으로부터 다양한 혜택을 받아보니 그런 궁금점이 생긴다. 다양한 경험과 노하우를 담은 책의 저자에게 훈수를 받으며 살기를 권한다. 삶이 달라질 것이다. 선 경험자인 여러 작가가 나의 삶과 함께하기에 나는 평범한 듯 평범하지 않은 삶을 살 수 있다. 책이 있어 든든하고 만족스럽다. 이제, 혼 자 말고 책과 함께 해결하고 성장하며 평생 행복하길 바란다.

내가 책을 가까이하는 이유

초판 1쇄 발행 | 2022년 9월 16일

지은이 | 이경희, 황중숙, 박여송, 하창호, 정선영, 나애정
펴낸이 | 김지연
펴낸곳 | 생각의빛

주 소 | 경기도 파주시 한빛로 70 515-501
출판등록 | 2018년 8월 6일 제 406-2018-000094호

ISBN | 979-11-6814-013-4 (03190)

원고 투고 | sangkac@nate.com

* 값 14,500원

* 생각의빛은 삶의 감동을 이끌어내는 진솔한 책을 발간하고 있습니다. 참신한 원고가 준비되셨다면 망설이지 마시고 연락주세요.